Plan General de Contabilidad

Manuel Abolacio Bosch

ic editorial

Plan General de Contabilidad

1ª Edición

Editado por: IC Editorial
c/ Cueva de Viera, 2, Local 3
Centro Negocios CADI
29200 Antequera (Málaga)
Teléfono: 952 70 60 04
Fax: 952 84 55 03
Correo electrónico: iceditorial@iceditorial.com
Internet: www.iceditorial.com

ISBN: 978-84-1184-549-6
Depósito Legal: MA 68-2025

Impresión: PODiPrint
Impreso en Andalucía – España

Nota de la editorial: IC Editorial pertenece a Innovación y Cualificación S. L.

Presentación del manual

El **Certificado de Profesionalidad** es el instrumento de acreditación, en el ámbito de la Administración laboral, de las cualificaciones profesionales del Catálogo Nacional de Cualificaciones Profesionales adquiridas a través de procesos formativos o del proceso de reconocimiento de la experiencia laboral y de vías no formales de formación.

El elemento mínimo acreditable es la **Unidad de Competencia.** La suma de las acreditaciones de las unidades de competencia conforma la acreditación de la competencia general.

Una **Unidad de Competencia** se define como una agrupación de tareas productivas específica que realiza el profesional. Las diferentes unidades de competencia de un certificado de profesionalidad conforman la **Competencia General,** definiendo el conjunto de conocimientos y capacidades que permiten el ejercicio de una actividad profesional determinada.

Cada **Unidad de Competencia** lleva asociado un **Módulo Formativo,** donde se describe la formación necesaria para adquirir esa **Unidad de Competencia,** pudiendo dividirse en **Unidades Formativas.**

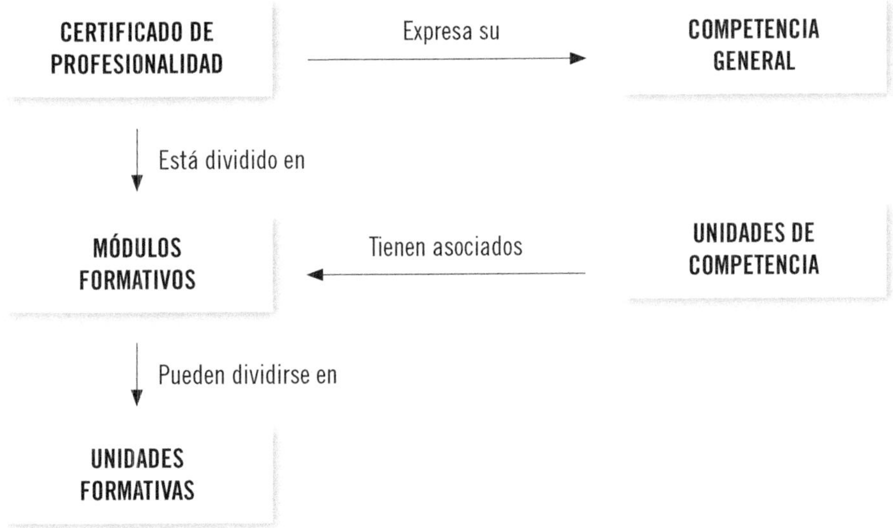

El presente manual desarrolla la Unidad Formativa **UF0515: Plan General de Contabilidad,**

perteneciente al Módulo Formativo **MF0981_2: Registros Contables,**

asociado a la unidad de competencia **UC0981_2: Realizar registros contables,**

del Certificado de Profesionalidad **Actividades de gestión administrativa.**

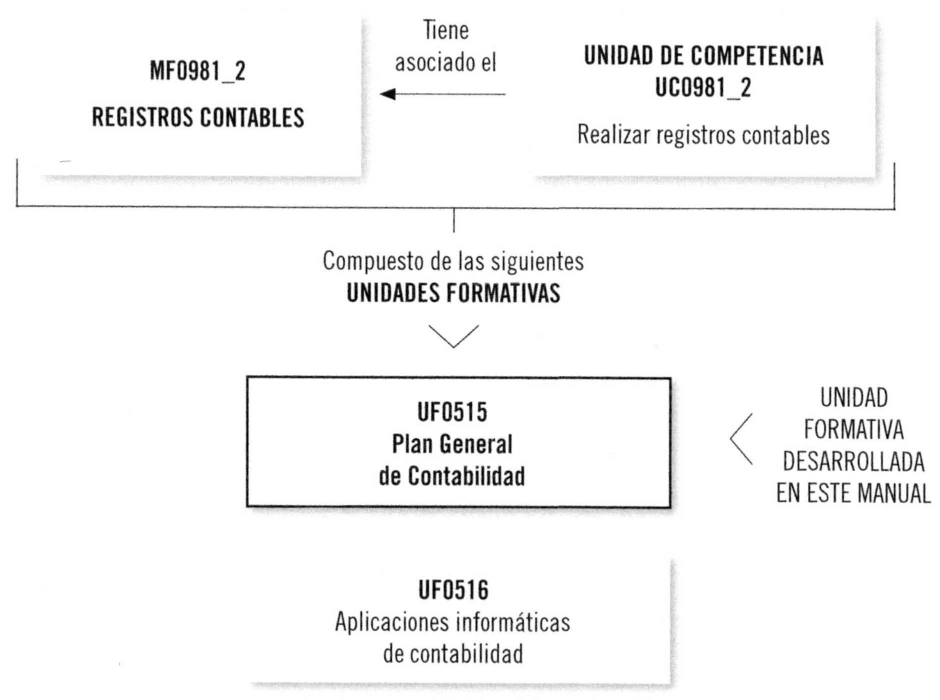

FICHA DE CERTIFICADO DE PROFESIONALIDAD

(ADGD0308) ACTIVIDADES DE GESTIÓN ADMINISTRATIVA (R. D. 645/2011, de 9 de mayo)

COMPETENCIA GENERAL: Realizar las operaciones de la gestión administrativa de la compraventa de productos y servicios, tesorería y personal, así como la introducción de registros contables predefinidos, previa obtención y procesamiento y archivo de la información y documentación necesaria mediante los soportes convencionales o informáticos adecuados, siguiendo instrucciones definidas, en condiciones de seguridad, respecto a la normativa vigente y atendiendo a criterios de calidad definidos en la organización.

Cualificación profesional de referencia	Unidades de competencia		Ocupaciones o puestos de trabajo relacionados:
ADG308_2 ACTIVIDADES DE GESTION ADMINISTRATIVA (RD 107/2008, de 1 de febrero)	UC0976_2	Realizar las gestiones administrativas del proceso comercial.	• 4309.1029 Empleados/as administrativos, en general. • 4111.1011 Empleados/as administrativo de contabilidad, en general. • 4122.1011 Empleados/as administrativos comerciales, en general. • 4223.1017 Empleado/as administrativo de servicios de personal. • 4500.1019 Empleados/as administrativos con tareas de atención al público no clasificados bajo otros epígrafes • 4111.1011 Auxiliar administrativo de cobros y pagos. • 4111.1011 Auxiliar administrativo de contabilidad. • 4111.1011 Auxiliar administrativo de facturación. • 4122.1011 Auxiliar administrativo comercial. • 4122.1011 Auxiliar de apoyo administrativo de compra y venta. • 4223.1017 Auxiliar administrativo del departamento de Recursos Humanos. • Auxiliar administrativo de las distintas Administraciones Públicas.
	UC0979_2	Realizar las gestiones administrativas de tesorería.	
	UC0980_2	Efectuar las actividades de apoyo administrativo de Recursos Humanos.	
	UC0981_2	Realizar registros contables.	
	UC0973_1	Introducir datos y textos en terminales informáticos en condiciones de seguridad, calidad y eficiencia.	
	UC0978_2	Gestionar el archivo en soporte convencional e informático.	
	UC0233_2	Manejar aplicaciones ofimáticas en la gestión de la información de la documentación.	

Correspondencia con el Catálogo Modular de Formación Profesional		
Módulos certificado	Unidades formativas	Horas U.F.
MF0976_2: Operaciones administrativas comerciales	UF0349: Atención al cliente en el proceso comercial.	40
	UF0350: Gestión administrativa del proceso comercial.	80
	UF0351: Aplicaciones informáticas de la gestión comercial.	40
MF0979_2: Gestión operativa de tesorería		90
MF0980_2: Gestión auxiliar de personal		90
MF0981_2: Registros Contables	UF0515: Plan General de Contabilidad.	90
	UF0516: Aplicaciones informáticas de contabilidad.	30
MF0973_1: Grabación de datos		90
MF0978_2: Gestión de archivos		60
MF0233_2: Ofimática	UF0319: Sistema operativo, búsqueda de la información: internet/intranet y correo electrónico.	30
	UF0320: Aplicaciones informáticas de tratamiento de textos.	30
	UF0321: Aplicaciones informáticas de hojas de cálculo.	50
	UF0322: Aplicaciones informáticas de bases de datos relacionales.	50
	UF0323: Aplicaciones informáticas para presentaciones gráficas de información.	30
MP0111: Módulo de prácticas profesionales no laborales		80

Índice

Capítulo 1

Interpretación de la documentación y de la normativa mercantil y contable

Contenido

1. Introducción
2. Concepto de contabilidad
3. Documentación mercantil y contable
4. La empresa: clases de empresas
5. Conceptos básicos: ingreso-cobro; gasto-pago
6. Resumen

1. Introducción

Si bien no en la misma forma en que hoy la conocemos, la contabilidad ha existido desde el origen de los tiempos. La necesidad de conocer las pertenencias y deudas era ya algo totalmente consolidado cuando el trueque era la principal forma de comercio.

El desarrollo industrial generó una mayor complejidad en las operaciones mercantiles, provocando un desarrollo de la contabilidad que las empresas realizaban para ir adaptándola a los nuevos tiempos y las nuevas prácticas. Hoy en día, la contabilidad sigue evolucionando en función de la forma de hacer negocios.

Por ello, se va a dedicar este capítulo a comprender qué es la contabilidad, el soporte documental que esta usa para el registro de sus operaciones y lo que se entiende por empresa, así como los primeros conceptos clave (gastos, ingresos, pagos y cobros) para poder ir profundizando en la técnica de registro de las transacciones empresariales.

2. Concepto de contabilidad

Un consultor contable, realizando sus tareas ordinarias, se desplazó a un pequeño pueblo en el que encontrándose perdido entabló conversación con un ganadero de la zona. Mientras le preguntaba cómo llegar a su destino, aprovechó la circunstancia que se le había dado para intentar hacer negocios.

- "Y a usted, ¿quién le lleva la contabilidad?", preguntó el consultor.
- "¿Contabilidad?", respondió.

Ante la cara de asombro del consultor y sin saber muy bien por qué lo hacía, el ganadero sacó una libreta que él usaba y se la mostró.

En esta libreta tenía información perfectamente organizada de sus quehaceres diarios. En una de sus páginas anotaba las compras de los alimentos para sus animales, registrando a quién se las compraba y si estaban pagadas o lo tendría que hacer en una fecha futura.

En otra de sus páginas, tenía ordenados por fecha los pedidos que le habían hecho mercados, amigos y empresas de los productos que obtenía de sus animales y si ya los había cobrado o no.

En otra, los animales de los que disponía, si se encontraban en mejor o peor estado, diferenciando si los tenía para la obtención de productos o para la venta del propio animal una vez tuviese el tamaño adecuado.

También registraba en una hoja diferenciada las cantidades que iba cobrando y pagando, sabiendo en cada momento el dinero de que disponía.

Y así, con más información que, poco a poco, iba dejando sorprendido al consultor, hasta que finalmente este dijo:

- "Ya veo que usted mismo lleva su contabilidad."

Contable

Si bien la anteriormente expuesta es una imagen muy simplificada y que habría que estudiar si la forma en que aquel ganadero registraba sus derechos y obligaciones se ajustaba a las normas y regulaciones contables, mercantiles y fiscales que se deben respetar, sí que podría considerarse que ese hombre en esencia estaba realizando una contabilidad.

La contabilidad es la ciencia social que se encarga de estudiar, medir, registrar y dejar constancia de forma sistemática y regulada de las transacciones realizadas por empresas y/o particulares y las variaciones de patrimonio que de estas se derivan, en el marco de las actividades económicas en que aquellos se emplazan, para obtener finalmente la base de información financiera necesaria destinada a la toma de decisiones empresariales.

En un lenguaje más coloquial, podría sintetizarse diciendo que la contabilidad busca el registro de las operaciones empresariales con objeto de tener una información fiable de la marcha de los negocios.

Al ser la información incluida en la contabilidad el soporte sobre el cual las empresas y/o particulares tomarán decisiones empresariales, es importante que esta se encuentre actualizada permanentemente y soportada por una serie de documentación que acredite la validez de los apuntes o asientos contables.

Definición

Asiento contable
Anotación realizada con la finalidad de reflejar un hecho o una operación contable.

De ahí que exista una extensa variedad de documentación mercantil y contable que será básica a la hora de realizar el trabajo.

3. Documentación mercantil y contable

El comienzo de una actividad comercial se realiza cuando se juntan una parte ofertante de bienes o servicios y una demandante, momento en el cual se negocian características, condiciones y precios para conseguir alcanzar un acuerdo que satisfaga a ambas partes.

Podría pensarse en la transacción más simple, aquella en la que el producto/servicio estuviese a disposición de las partes justo en el momento de realizar el acuerdo, el importe no fuese elevado y se acordase un pago al contado. En estos casos, la transacción se realizaría íntegramente basada en el acuerdo oral entre los sujetos.

Ejemplo

Cuando se compran caramelos en un kiosco (referido a compra/venta de productos) o cuando un limpiabotas saca brillo a los zapatos de una persona (como ejemplo de servicios).

Pero no todas las operaciones son así de sencillas. De este modo, se podría pensar en la compra de una vivienda, en la construcción de un parque temático o en una prestación de servicios de mantenimiento de una refinería por un largo periodo de tiempo.

En estos casos, debido a la imposibilidad de saber qué acontecerá en un futuro más o menos próximo, a los múltiples factores que pueden afectar y variar las condiciones del acuerdo y a los distintos intereses personales y profesionales que pueden tener las partes, se hace estrictamente necesaria la redacción de un contrato que compile los detalles y características del acuerdo obtenido y establezca los marcos legales que regulen las situaciones no previstas inicialmente.

Elaboración de contratos

Sabía que...

En función de la complejidad del asunto que se quiera regular en un contrato, este puede llegar a estar dividido en tomos, con cientos e incluso miles de páginas.

Desde el momento del acuerdo para la compra de bienes o prestación de servicios hasta la finalización del mismo, habrá una serie de acontecimientos, como por ejemplo la entrega de los materiales acordados o el pago de estos, que serán soportados mediante una serie de documentos para un mejor entendimiento y seguimiento por parte de las empresas y que permitirán a los departamentos de contabilidad reflejar en sus cuentas el estado en que ese contrato se encuentra en un momento determinado.

Se puede de este modo establecer que los documentos mercantiles son la constancia de una transacción comercial o de un aspecto de ella y que permiten:

- Probar la realización de una operación desde un punto de vista legal.
- Definir las características y detalles del acuerdo obtenido.
- Establecer el marco jurídico que regule los imprevistos de la operación.
- Facilitar su seguimiento.
- Dar soporte al departamento de contabilidad para reflejar en sus cuentas la situación en la que se encuentra la transacción.

Recuerde

Una de las misiones más importantes de los documentos mercantiles es precisar la relación jurídica entre las partes que intervienen en una determinada operación.

Se puede vislumbrar la estrecha relación que existe entre la documentación mercantil y la contabilidad, que también establecerá vínculos y de la cual se desprenderá documentación contable, generando en su conjunto un complejo y armonizado sistema de información financiera.

3.1. Documentos-justificantes mercantiles tipo y su interpretación

La transacción económica principal sobre la que gira el entramado empresarial es la operación de compraventa, tanto de bienes como de servicios. De ahí que sea interesante describir brevemente cómo es el proceso completo, permitiendo encuadrar en él una serie de documentos mercantiles esenciales que se estudiará a continuación.

Una vez la empresa demandante de bienes o servicios percibe la necesidad de compra, contacta con varios posibles vendedores, solicitándoles precios y características de los productos/servicios que está interesada en adquirir. Estos posibles vendedores envían ofertas al potencial cliente, que valorará las distintas opciones creando un documento interno en el que se puedan apreciar las distintas alternativas de que dispone, el comparativo de compras. Evaluado y decidido cuál será el suministrador, se emite un pedido de compra, que, en ocasiones, constituye en sí mismo un contrato y, en otras, será la base para la redacción de un acuerdo más detallado. Según lo estipulado en el pedido/contrato, comenzará el envío de materiales o la prestación de servicios, que el cliente recibirá con albaranes de entrega o partes de servicios, que constituyen el soporte de la factura que posteriormente emitirá el suministrador. El ciclo se completaría con el pago de la factura en las condiciones y fechas pactadas.

Con este proceso de compraventa, se tienen una serie de documentos que serán una parte importante del trabajo de cualquier departamento de contabilidad. Se pasa a detallar los más relevantes.

La factura

Una factura es un documento mercantil en el que se refleja la información detallada de una operación de compraventa.

Además, constituye un justificante fiscal de la entrega de bienes y/o servicios, generando obligaciones tributarias tanto al emisor como al receptor de la misma, siendo en sí misma prueba de la deuda contraída por el adquirente.

Al ser un documento de suma importancia en las relaciones comerciales, se exige una información mínima que debe incluir a efectos de que tenga plena validez:

- NIF de la empresa emisora.
- Razón social (nombre) y dirección de la empresa emisora.
- NIF de la empresa receptora.
- Razón social (nombre) y dirección de la empresa receptora.
- Fecha de la operación (será la fecha de devengo de la operación).
- Número de factura.
- Detalle de los materiales/servicios afectos a la compraventa, especificando las unidades, el precio unitario y el total de la compraventa.
- Detalle del Impuesto sobre el Valor Añadido (IVA) aplicado, especificando el porcentaje, la base a la que se le aplica y la cuota resultante. Actualmente, estos tipos son: tipo general (21 %), tipo reducido (10 %) y tipo superreducido (4 %).

Definición

Devengo
Momento en el que tiene lugar el nacimiento o adquisición de los derechos y obligaciones de una transacción.

Siendo esta la información mínima que debe especificarse, es práctica habitual incluir también los datos bancarios de la empresa suministradora, los términos de pago de la operación (según se haya pactado), la fecha en la que el pago debe hacerse efectivo (fecha de vencimiento), la existencia de seguros aplicados a la factura, etcétera.

Tipos de factura

Existen diversos tipos de factura, en función de su uso o de la forma en que estas sean elaboradas.

En función de su uso, se pueden considerar:

- **Factura ordinaria:** es la factura a la que se hace referencia habitualmente, con valor contable y jurídico, detallando una entrega efectiva de bienes y/o servicios en el momento en que se devenga (que se hace efectiva).
- **Factura rectificativa:** documenta correcciones de una o varias facturas anteriores por errores, devoluciones de productos, etcétera.
- **Factura proforma:** constituye una oferta comercial, especificando la forma exacta que tendrá la factura tras el suministro. No tiene valor contable ni como justificante y es usada principalmente en comercio internacional.

Consejo

El envío de la factura proforma es una práctica que puede ahorrar mucho tiempo y trabajo, al ser un borrador de la factura final que se enviará y cuya modificación no implica ajustes en contabilidad.

Según cómo sean elaboradas, se pueden considerar:

- **Facturas electrónicas:** según la Directiva 2014/55/UE de 16 de abril de 2014, se define como "factura emitida, transmitida y recibida en un formato electrónico estructurado que permita su tratamiento automatizado y electrónico".
- **Facturas recapitulativas:** aquellas que agrupan la información de entregas puntuales que se hacen durante un periodo de tiempo. Este

caso se da en compras de pequeños materiales de forma continua, en los que no interesa emitir una factura por cada compra. **Ejemplo:** Una ferretería en la que un día se adquieren unos tornillos, otro día una broca, etcétera. En este caso, al final de un periodo fijado se emite una única factura por el total de todo lo comprado.

- **Facturas a origen:** este tipo de facturas se utiliza principalmente en trabajos realizados en un periodo largo de tiempo y cuya división en partes claramente diferenciadas es en ocasiones compleja. Se fundamentan en ir haciendo valoraciones de forma periódica de la totalidad de los servicios prestados, deduciendo de la última valoración los importes facturados previamente. Es usada de forma habitual en el sector de la construcción.

Partes de una factura

La mejor forma de que finalmente se entienda una factura es analizándola en detalle. Se estudiará una factura ordinaria por ser estas las más habituales. En ella, se podrán identificar sus partes y ver qué información está dando.

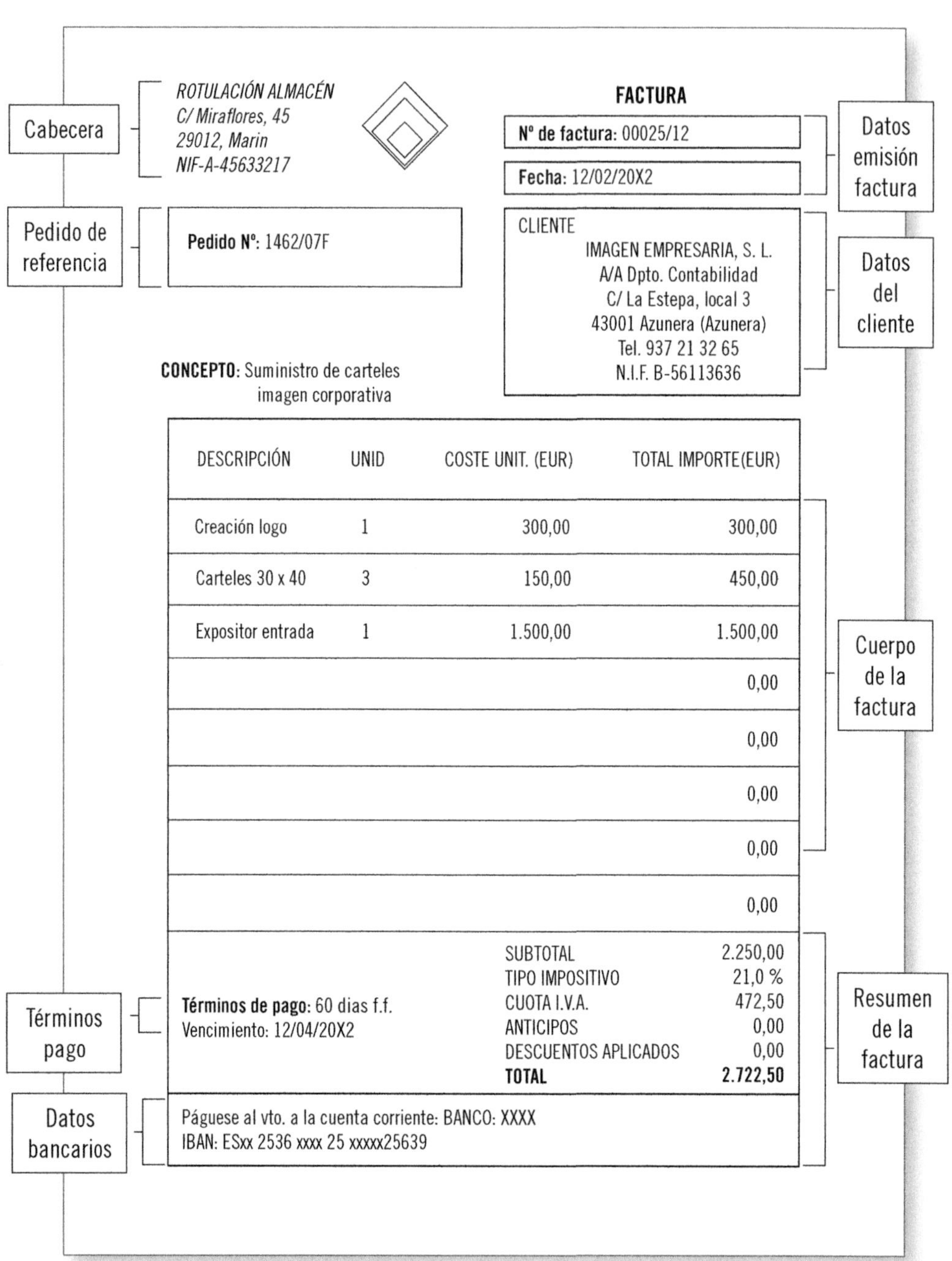

ROTULACIÓN ALMACÉN
C/ Miraflores, 45
29012, Marin
NIF-A-45633217

FACTURA

Nº de factura: 00025/12

Fecha: 12/02/20X2

Pedido Nº: 1462/07F

CLIENTE
IMAGEN EMPRESARIA, S. L.
A/A Dpto. Contabilidad
C/ La Estepa, local 3
43001 Azunera (Azunera)
Tel. 937 21 32 65
N.I.F. B-56113636

CONCEPTO: Suministro de carteles imagen corporativa

DESCRIPCIÓN	UNID	COSTE UNIT. (EUR)	TOTAL IMPORTE(EUR)
Creación logo	1	300,00	300,00
Carteles 30 x 40	3	150,00	450,00
Expositor entrada	1	1.500,00	1.500,00
			0,00
			0,00
			0,00
			0,00
			0,00

Términos de pago: 60 dias f.f.
Vencimiento: 12/04/20X2

SUBTOTAL	2.250,00
TIPO IMPOSITIVO	21,0 %
CUOTA I.V.A.	472,50
ANTICIPOS	0,00
DESCUENTOS APLICADOS	0,00
TOTAL	**2.722,50**

Páguese al vto. a la cuenta corriente: BANCO: XXXX
IBAN: ESxx 2536 xxxx 25 xxxxx25639

Ejemplo de factura

Las partes de una factura son:

- **Cabecera:** en ella se encuentran los datos del emisor de la factura, generalmente su nombre o razón social, dirección, teléfono, correo electrónico, persona de contacto y número de identificación fiscal (NIF). En muchas ocasiones, se complementa la información de la empresa emisora, incluyendo un pie de página con sus datos registrales, indicando libro, sección y página donde la empresa está inscrita en el Registro Mercantil correspondiente. Por ejemplo, para saber reconocerlos, los datos registrales se muestran de la siguiente manera: "Inscrita en el Registro Mercantil de Madrid, Inscripción 1ª, Hoja A-72991, Folio 191, Tomo 2585, Libro 0, Sección 8".
- **Datos de emisión de la factura:** serán el número de la factura y la fecha de expedición.
- **Datos del cliente:** información sobre el cliente, indicando nombre o razón social, dirección, persona de contacto, teléfono y número de identificación fiscal (NIF).
- **Pedido de referencia:** aunque muchas facturas no incluyen el número de pedido al que se asocian, especialmente en empresas con grandes volúmenes de compras se convierte en requisito imprescindible y de obligado cumplimiento, a fin de poder identificar la factura con el proyecto o centro de coste concreto al que pertenezca.
- **Cuerpo de la factura:** en él se detallan los materiales objetos de la compraventa, especificando unidades, precio unitario e importe total.
- **Resumen de la factura:** en esta parte se pueden identificar los datos finales de la factura, así como los datos fiscales. En el ejemplo, se encuentran:

    - **Subtotal:** suma del valor total de las mercancías objeto de compraventa.
    - **Tipo impositivo:** gravamen que se aplica según la legislación fiscal vigente.
    - **Cuota IVA:** resultado de aplicar el tipo impositivo al valor de las mercancías que constituyen lo que fiscalmente se conoce como base imponible.

- **Anticipos:** se detallan en este apartado pagos que el cliente haya realizado a cuenta de los materiales que se entregan. Estos pagos se deducen del total que debe abonarse.
- **Descuentos aplicados:** descuentos que se aplican por volumen de compras, fidelización de cliente, etcétera. En ocasiones, estos descuentos se incluyen en el cuerpo de la factura.

- **Términos de pago:** condiciones pactadas para liquidar la deuda contraída con la factura. En el ejemplo, las siglas "f.f." significan "fecha factura". Se puede comprobar que sumando 60 días a la fecha de emisión de la factura, se tiene la fecha de vencimiento, que es el día en que debe hacerse efectivo el pago.
- **Datos bancarios:** detalles de la cuenta bancaria en la que hacer efectivo el ingreso.

Sabía que...

En los departamentos contables y financieros de las empresas, cuando se establece como forma de pago un número de días sobre la fecha de la factura, es práctica habitual considerar, en vez de su fecha de emisión, la fecha de recepción de esta, a fin de evitar que si los proveedores se demoran en la entrega de la factura, se tengan pagos a muy corto plazo que pudieran alterar las previsiones de tesorería.

Importante

Es imprescindible que todas las facturas lleven el NIF, tanto del emisor como del receptor, para generar las obligaciones y derechos fiscales que origina la transacción.

Aplicación práctica

En relación a la factura del ejemplo mostrado anteriormente, describa los detalles de la transacción que en ella se está realizando.

SOLUCIÓN

La empresa Rotulación Almacén, S. A. vende a la empresa Imagen Empresaria, S. L. la creación de un logo (prestación de servicio) y 3 carteles y un expositor (entrega de materiales), valorado en 2.250 €, a la que se le aplica un 21 % de IVA, y para la cual no se ha hecho aún ningún pago (anticipos cero) ni se le aplica descuento alguno. Esta compra se formalizó anteriormente en un pedido (número 1462/07-F). Según los términos de pago acordados, el importe total de la factura deberá pagarse el 12 de abril de 20X2, es decir, a los 60 días de su emisión (en caso de no tener constancia de una recepción posterior, en cuyo caso podría considerarse esta otra última fecha).

Derechos y obligaciones

Es interesante destacar finalmente los derechos y obligaciones que genera la factura, dando la pauta de los asientos contables que registrará cada una de las partes:

- **Vendedor:** la venta supondrá para él un ingreso en su cuenta de resultados, generando unos derechos de cobros y la obligación de entrega de los materiales o servicios acordados. Más adelante se verá cómo se refleja esto en un diario contable.
- **Comprador:** la compra supondrá un gasto en su cuenta de resultados, generando una obligación de pago y unos derechos de recepción sobre los materiales o servicios acordados.

El contrato

El contrato es un pacto o acuerdo entre dos o más partes mediante el que las mismas se obligan a incurrir en determinadas acciones y constituye prueba de conformidad de los términos que regirán la relación comercial.

En función del objeto que regule el contrato, se pueden encontrar distintos tipos, entre otros:

- Contrato de suministro.
- Contrato de subcontratación de trabajos a terceras empresas.
- Contratos laborales.
- Contratos de prestación de servicios.

El contrato es un documento de forma libre, ya que cualquier acuerdo entre dos o más partes, independientemente de cómo sea, tiene valor probatorio de la relación existente. De este modo, a pesar de que existan multitud de formatos preestablecidos, se puede adaptar cada uno de los contratos a las condiciones específicas del acuerdo que se quiera cerrar.

Sabía que...

Tradicionalmente, la jurisprudencia ha entendido que una factura firmada a su recepción por el comprador sin formular reservas constituye un documento privado, cuya eficacia probatoria se extiende a la existencia y al contenido de un contrato mercantil.

Evidentemente, a más complejidad en el objeto o transacción que se quiera regular, más complejidad tendrá el contrato. Generalmente, las empresas con operaciones de volúmenes importantes disponen de asesoramiento legal a la hora de redactar los acuerdos comerciales.

Nota

En la mayoría de los contratos se hace mención expresa a leyes que por su extensión, complejidad y continuo desarrollo, regulan posibles imprevistos y discrepancias entre las partes no contempladas en aquellos.

A continuación, se muestra un contrato de compraventa, a modo de ejemplo.

CONTRATO DE COMPRAVENTA DE VEHICULO USADO ENTRE PARTICULARES

En ………., a ………………....

Vendedor:
D. ……………………………, con N.I.F. nº ………………, y domicilio en ……., calle de ………………..

Comprador:
D. ……………………………, con N.I.F. nº ………………, y domicilio en …….., calle de ……………

Vehículo:
Marca ……
Modelo………
Matrícula ……………..
Nº de Bastidor ………………………..
Kilómetros ……

Reunidos vendedor y comprador en la fecha del encabezamiento, manifiestan haber acordado formalizar en este **documento CONTRATO DE COMPRAVENTA del vehículo automóvil** que se especifica, en las siguientes

CONDICIONES

PRIMERA.- El vendedor vende al comprador el vehículo de su propiedad anteriormente especificado por la cantidad de ……………..euros, sin incluir los impuestos correspondientes, que serán a cargo del comprador.

SEGUNDA.- El vendedor declara que no pesa sobre el vehículo ninguna carga o gravamen ni impuesto, deuda o sanción pendientes de abono en la fecha de la firma de este contrato, comprometiéndose en caso contrario a regularizar tal situación a su exclusivo cargo.

TERCERA.- El vendedor se compromete a facilitar la documentación relativa al vehículo, así como a firmar cuantos documentos aparte de éste sean necesarios para que el vehículo quede correctamente inscrito a nombre del comprador en los correspondientes organismos públicos, siendo todos los gastos a cargo del comprador.

CUARTA.- Una vez realizada la correspondiente transferencia en Tráfico, el vendedor entregará materialmente al comprador la posesión del vehículo, haciéndose el comprador cargo de cuantas responsabilidades puedan contraerse por la propiedad del vehículo y su tenencia y uso a partir de dicho momento de la entrega.

QUINTA.- El vehículo dispone de seguro en vigor hasta fecha de ……… y se encuentra al corriente respecto a las obligaciones derivadas de la ITV (Inspección Técnica de Vehículos).

SEXTA.- El comprador declara conocer el estado actual del vehículo, por lo que exime al vendedor de toda responsabilidad por los vicios o defectos ocultos que surjan con posterioridad a la entrega, salvo aquellos que tengan su origen en dolo o mala fe del vendedor.

SÉPTIMA.- Para cualquier litigio que surja entre las partes de la interpretación o cumplimiento del presente contrato, éstas, con expresa renuncia al fuero que pudiera corresponderles, se someterán a los Juzgados y Tribunales de ………../ Arbitraje ……………………

Y para que así conste, firman el presente contrato de compraventa, por triplicado, en la fecha y lugar arriba indicados.

Firma del vendedor. Firma del comprador.

Ejemplo de contrato

Es importante mencionar que los contratos, aun generando derechos y obligaciones a las partes que a ellos se acogen, no tienen reflejo contable, es decir, no generan ningún asiento en la contabilidad.

Aplicación práctica

Usted es responsable del departamento de contratación de una empresa de reparaciones y está a punto de cerrar un acuerdo con una empresa suministradora de las piezas que necesitan para prestar los servicios a sus clientes. Indique qué aspectos se aseguraría de que estuviesen claramente definidos antes de la firma definitiva del contrato.

SOLUCIÓN

En primer lugar, siempre es interesante asegurarse de que la persona que firma el contrato de la otra parte tiene poderes suficientes para poder formalizar el acuerdo. Al ser unas piezas que se usarán para unos servicios posteriores y que posiblemente se concierten antes del encargo de las mismas, sería muy importante asegurarse de los plazos de entrega, así como las penalizaciones que podrían aplicarse en caso de entregas tardías, ya que ello afectaría directamente al trabajo con los clientes. Debería asegurarse de que se incluyese el periodo de garantía de las piezas que se compran, la descripción y especificaciones de estas, su precio, descuentos aplicables, si el precio incluye o no IVA y los términos de pago, verificando este último punto con el departamento financiero. También es importante hacer constar quién se hace cargo de los gastos de transporte y seguro hasta la entrega efectiva de los materiales.

Documentos de pago: el cheque y el pagaré

En la actualidad, existe una importante variedad de medios de pago. A continuación, se ven dos en detalle, por ser documentos mercantiles de frecuente uso en el mundo empresarial: el cheque y el pagaré.

El cheque

Un cheque es una orden de pago pura y simple emitida por una persona física o jurídica (librador) a su banco (denominado librado, donde el librador tiene sus fondos) para que este pague a un tercero (conocido como beneficiario) una determinada cantidad de dinero.

Para realizar el pago, el librador expide el cheque, entregándoselo directamente al beneficiario, que podrá:

- Ir a su banco, para que le ingresen el dinero directamente en su cuenta.
- Ir a una sucursal del banco librado, para que se lo paguen en efectivo.

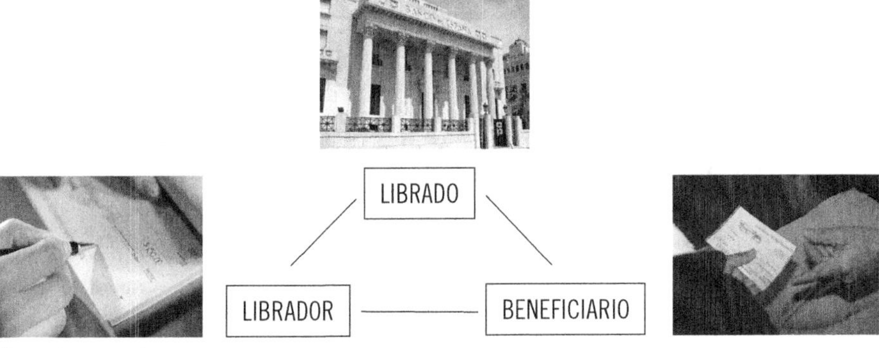

Proceso de pago con cheque

Nota

Los pagos en efectivo de cheques dependen de la política de cada banco en particular.

Información que debe contener un cheque:

- La denominación "cheque" inserta en el documento.
- El mandato puro y simple de pagar una cantidad de dinero (expresada en número y letras, prevaleciendo lo que se ponga en letras).
- El nombre del librado (el banco que dispone de los fondos).
- El lugar de pago.

- Fecha y lugar de emisión del cheque.
- Firma del que lo expide (librador).

Banco Cruces
Oficina Miramar 53
Calle Miramar 104
29001 Madrid

Código cuenta cliente (C.C.C.)
IBAN: ES53 2563 4002 21 8965536921

EUROS ________

PÁGUESE POR ESTE CHEQUE A ______________________________

____

EUROS ______________________________________

Serie A.D.
5.669.258 5 4200

______A______DE__________DE 20______

Ejemplo de cheque

El pagaré

El pagaré es un documento por el que una persona (emisor) promete formalmente pagar a otra persona (beneficiario) una determinada cantidad de dinero en una fecha futura acordada previamente.

El pagaré es entregado por el emisor al beneficiario, que podrá:

- Esperar al vencimiento y actuar como si se tratase de un cheque.
- Negociar el pagaré antes del vencimiento, que significa solicitar a un banco que le anticipe el dinero del pagaré del que es titular, pagando una comisión, con el compromiso de devolver los fondos anticipados en la fecha de vencimiento.

Importante

El pagaré es una promesa futura de pago, mientras que el cheque es una orden de pago ejecutable en el mismo momento que se posea el documento.

Información que debe contener un pagaré:

- La denominación "pagaré" inserta en el documento.
- La promesa pura y simple de pagar una cantidad de dinero (expresada en número y letras, prevaleciendo lo que se ponga en letras).
- Indicación del vencimiento.
- El lugar de pago.
- Fecha y lugar de emisión del pagaré.
- Firma del que lo expide (emisor).
- Nombre de la persona o empresa a la que haya de hacerse el pago.

Caja de Ahorros de Sevilla
Oficina José Laguillo 104
José Laguillo 104
41003 Sevilla

IBAN ES88 1832 2972 43 1010238727

EUROS ________

VENCIMIENTO: ______ DE____________DE 20______

POR ESTE PAGARÉ ME COMPROMETO A PAGAR EL DÍA DEL VENCIMIENTO INDICADO A

EUROS ____

Serie B.1
2.543.165-1

_____A______DE_________DE 20______

Ejemplo de pagaré

Aplicación práctica

Usted, responsable del departamento de contabilidad de la empresa Imagen Empresaria, S. L., ha recibido la factura de la empresa Rotulación Almacén, S. A. del ejemplo de factura visto anteriormente y se dispone a gestionar su pago. Explique qué documento usaría y los motivos.

SOLUCIÓN

Al ser un pago aplazado a 60 días, lo más conveniente sería la emisión de un pagaré, como promesa de pago futuro de la deuda que se contrae con la factura. No debería usarse el cheque, ya que, una vez emitido, el proveedor podría ir a cobrarlo antes de la fecha de vencimiento de la factura.

Se emitiría el siguiente pagaré:

Banco Ros **IBAN ES74 7421 0003 87 8844521369**
Oficina San José 15
Calle Marisma 1
49001 Azunera

EUROS: *#2.722,50#*

VENCIMIENTO: *12 de abril de 20X2*

POR ESTE PAGARÉ ME COMPROMETO A PAGAR EL DÍA DEL VENCIMIENTO INDICADO A:

ROTULACIÓN ALMACÉN, S.A.

EUROS: *Dos mil setecientos veintidós con cincuenta*

Serie B.1
2.543.165-1 ***Azunera*** *a 14 de Febrero de 20X2*

Otros documentos

Como se puede observar, existen multitud de documentos mercantiles y, dentro de estos, una gran variedad de distinciones y tipos. Se han examinado en detalle algunos de los más relevantes. A continuación, se describen brevemente algunos otros documentos que serán parte del trabajo en un departamento de contabilidad:

- **Albarán:** documento mercantil que acredita la entrega de un pedido.
- **Pedido/orden de compra:** documento que emite el comprador para solicitar mercancías al vendedor, indicando cantidad, detalle, precio y condiciones de pago, entre otras cosas. Aunque el pedido y el albarán no son documentos con una implicación directa en la contabilidad, es adecuado nombrarlos por ser los pasos previos a la facturación.
- **Extracto bancario:** detalle de los movimientos de una cuenta bancaria.
- **Seguros sociales (documentos RNT y RLC):** documento justificante de los pagos que la empresa realiza a la Seguridad Social por cuenta de los trabajadores, destinados a atención sanitaria y formación principalmente.
- **Nóminas:** justificante de los salarios percibidos por los trabajadores.
- **Impuestos:** justificante de las relaciones de la empresa con la Agencia Tributaria.
- **Pólizas de seguros:** contratos para la cobertura de situaciones imprevistas y/o poco habituales.

3.2. Organización y archivo de los documentos mercantiles

La creciente acumulación de documentación por parte de las empresas hace que la gestión y organización de esta se convierta en un aspecto de vital importancia, ya que no solamente supondrá trabajar más cómodamente, sino que además genera una interesante reducción de costes.

Se podrían destacar algunos motivos por los cuales es importante la gestión de la documentación en una empresa:

- Facilita la consulta de documentos.
- Hace el trabajo más cómodo.

- Mayor agilidad a la hora de realizar gestiones.
- Reducción de costes (menor tiempo invertido en búsqueda de documentos).

Esta gestión se hace si cabe más importante en grandes empresas en las que los volúmenes de operaciones son mayores. De hecho, es común encontrar en ellas responsables de documentación, encargados de su tramitación y archivo.

Sabía que...

La gestión documental es una actividad casi tan antigua como la escritura, que nació debido a la necesidad de "documentar" o fijar actos administrativos y transacciones legales y comerciales por escrito para dar fe de los hechos. Este tipo de documentos se plasmaron sucesivamente en tablillas de arcilla, hojas de papiro, pergaminos y papel, cuya gestión se fue haciendo cada vez más compleja.

Cabe destacar la mención expresa que sobre este tema hace el Código de Comercio en su artículo 30.1, en el que se puede leer lo siguiente:

Los empresarios conservarán los libros, correspondencia, documentación y justificantes concernientes a su negocio, debidamente ordenados, durante seis años, a partir del último asiento realizado en los libros, salvo lo que se establezca por disposiciones generales o especiales.

No existe una forma única o mejor de realizar esta gestión documentaria, ya que en gran medida dependerá del tipo de empresa y del volumen de operaciones y de documentación que genere.

Si bien una empresa pequeña puede llevar un archivo único ordenado según el número de asiento de contabilidad (los asientos contables van numerados de forma correlativa según se van realizando), esta aproximación no parecería muy práctica para una gran empresa con cientos de transacciones diarias, en la que sería más conveniente archivar de forma separada facturas de venta, facturas de compra, transacciones y recibos bancarios, información relativa al personal y tantas otras distinciones como se precise oportuno.

Habrá a su vez empresas que trabajen con proyectos independientes entre sí y que prefieran que el archivo se realice separando por proyecto en vez de por tipo de documentos, o incluso archivando por proyecto y dentro de cada uno de estos, realizando un segundo nivel de organización, esta vez quizá sí por tipo de documento.

Importante

Cualquier forma de gestión de documentación es válida, siempre que esta reporte la funcionalidad que se espera de ella.

Si bien, como se ha dicho, no se puede decantar por una mejor opción a la hora de tratar los documentos y su archivo, sí que es recomendable seguir siempre algunas pautas que suelen resultar útiles en cualquier caso:

- Buscar una ordenación lógica e intuitiva.
- Que sea lo suficientemente clara como para que cualquier empleado pueda encontrar fácilmente la información que busque.
- Ser metódico y respetar los criterios fijados.
- Entender que los documentos, una vez usados, deben volver al lugar del que se cogieron.
- Intentar seguir un orden cronológico inverso, de modo que en una carpeta la documentación más antigua quede bajo la más actual, que generalmente se consulta más a menudo.
- Aplicar el sentido común.

En la gestión documental, la tendencia es intentar reducir al máximo el archivo físico a través de potentes programas que generan copias en soporte digital almacenadas en servidores. De este modo, toda la documentación se encuentra escaneada y el acceso a ella es mucho más rápido. Esto es especialmente útil en empresas que tienen centros de trabajo en distintas localizaciones, de modo que desde todos ellos puede accederse a la información sin duplicar la documentación mediante copias en papel y con un menor riesgo de extravío.

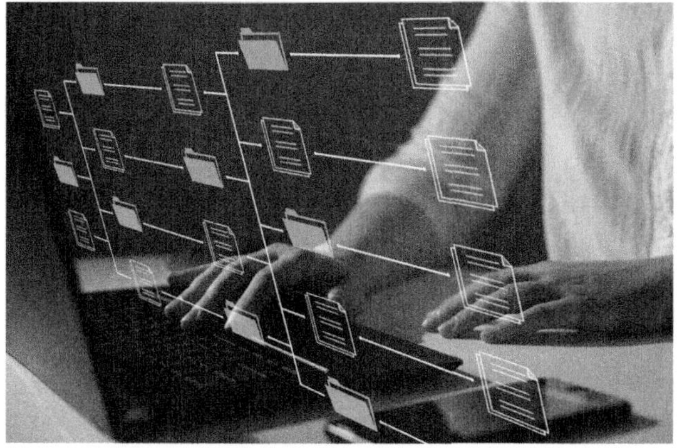

Sistema de administración de archivos electrónico

3.3. Libros contables obligatorios y auxiliares

Dentro de toda la documentación que la empresa usará en su actividad diaria, se encontrará que parte de ella tendrá un reflejo contable. Con ella, se busca la finalidad básica de la contabilidad de formalizar unos informes que resuman la situación económica y financiera de la empresa. Se está hablando de los libros contables.

Sabía que...

Ya en el siglo I d. C. se menospreciaba a una persona que fuera incapaz de controlar contablemente su patrimonio, por lo que eran comúnmente usados los libros de ingresos y gastos (llamados *codees acceti et expensi).*

La obligatoriedad de algunos de estos libros viene definida por el tipo de entidad legal que ejerza la actividad económica, si bien este apartado se centrará en una sociedad mercantil estándar.

A este respecto, el Código de comercio, en sus artículos 25.1 y 26.1, dice:

> *Art. 25.1: Todo empresario deberá llevar una contabilidad ordenada, adecuada a la actividad de su empresa que permita un seguimiento cronológico de todas sus operaciones, así como la elaboración periódica de balances e inventarios. Llevará necesariamente, sin perjuicio de lo establecido en las leyes o disposiciones especiales, un libro de Inventarios y Cuentas anuales y otro Diario.*
>
> *Art. 26.1: Las sociedades mercantiles llevarán también un libro o libros de actas, en las que constarán, al menos, todos los acuerdos tomados por las juntas generales y especiales y los demás órganos colegiados de la sociedad, con expresión de los datos relativos a la convocatoria y a la constitución del órgano, un resumen de los asuntos debatidos, las intervenciones de las que se haya solicitado constancia, los acuerdos adoptados y los resultados de las votaciones.*

En estas definiciones, se ve explícitamente la obligatoriedad de llevar un libro de inventarios y cuentas anuales, un libro diario y un libro de actas. Sin embargo, no se puede pasar por alto la mención "Llevará necesariamente, sin perjuicio de lo establecido en las leyes o disposiciones especiales,...", por lo que en cada caso particular se deben examinar las regulaciones mercantiles, contables y fiscales aplicables a cada empresa.

Nota

Todo aquel libro no considerado obligatorio por las disposiciones legales aplicables y que sirva para apoyar y/o complementar aquellos, será parte de los auxiliares.

Libros obligatorios

El libro inventario y cuentas anuales es un grupo de informes contables que, en conjunto, forman una unidad en un mismo libro, aunque este puede ocupar varios tomos si fuese preciso.

- El **libro inventario** se abre con el balance inicial detallado de la empresa y en él se deben transcribir, con una periodicidad cuando menos trimestral, los balances de comprobación o de sumas y saldos. Finalmente, se transcribirá el inventario de cierre del ejercicio, reflejando los saldos de cada una de las cuentas de la empresa.
- Las **cuentas anuales** están formadas por el balance de situación, la cuenta de pérdidas y ganancias (PyG), el estado de cambios en el patrimonio neto (ECPN), el estado de flujos de efectivo (EFE) y la memoria, y tienen la finalidad de mostrar la imagen fiel del patrimonio, de la situación financiera y de los resultados de la empresa.
- El **libro diario** es aquel en el que se registran día a día las transacciones llevadas a cabo por la empresa.

Nota

También se permite la anotación conjunta de los totales de las operaciones por periodos no superiores al trimestre.

A continuación, se puede ver el aspecto que presenta el libro diario obtenido por una aplicación informática contable:

LIBRO DIARIO

Empresa: 01 - SAGE 50 **Ejercicio:** 20XX

Fechas: 01/01/20XX - 31/12/20XX

Asiento	Fecha	Cuenta	Nombre	Definición	Debe	Haber
			ASIENTO 1			
1	24/01/20XX	57000000	CONTADO	REPOSICIÓN DE CAJA 0001	10,00	
	24/01/20XX	55500002	CUENTA PUENTE REPOSICION/RETIRADA	REPOSICIÓN DE CAJA 0001		10,00
			TOTAL ASIENTO 1		**10,00**	**10,00**
			ASIENTO 2			
2	31/01/20XX	43000002	ESTHER GÓMEZ SÁNCHEZ	N/ FRA 17000001	36.24	
	31/01/20XX	70000001	VENTA DE MERCANCÍA	N/FRA 17000001 ESTHER GÓMEZ SÁNCHEZ		29,95
	31/01/20XX	47700021	IVA REPERCUTIDO 21%	N/FRA 17000001 ESTHER GÓMEZ SÁNCHEZ		6,29
			TOTAL ASIENTO 2		**36.24**	**36,24**
			ASIENTO 3			
3	01/02/20XX	43000003	ANTONIO TORRES MAYORAL	N/ FRA 17000002	1.203.95	
	01/02/20XX	70000001	VENTA DE MERCANCÍA	N/FRA 17000002 ANTONIO TORRES MAYORAL		995,00
	01/02/20XX	47700021	IVA REPERCUTIDO 21%	N/FRA 17000002 ANTONIO TORRES MAYORAL		208,95
			TOTAL ASIENTO 3		**1.203,95**	**1.203,95**
			ASIENTO 4			
4	27/06/20XX	43000003	ANTONIO TORRES MAYORAL	N/ FRA. [17000003]	217,74	
	27/06/20XX	70000001	VENTA DE MERCANCÍA	N/ FRA. [17000003] ANTONIO TORRES MAYORAL		179,95
	27/06/2019	47700021	IVA REPERCUTIDO 21%	N/ FRA. [17000003] ANTONIO TORRES MAYORAL		37,79
			TOTAL ASIENTO 4		**217,74**	**217,74**
			ASIENTO 5			
5	31/10/20XX	57200001	BANCOS	traspaso	1.000,00	
	31/10/20XX	57000001	CAJA EFECTIVO	traspaso		1.000,00
			TOTAL ASIENTO 5		**1.000,00**	**1.000,00**
			ASIENTO 6			

06/11/20XX 17:06:43 Página: 1

Libro diario en formato PDF

El **libro de actas** es aquel donde se transcribirán las actas de la Junta General de socios de una empresa y, en su caso, las del Consejo de Administración.

Libros auxiliares

Libros auxiliares serán todos aquellos no obligatorios que la empresa decida llevar para aclarar, detallar o complementar a los exigidos por la legislación vigente.

No existe, por lo tanto, un listado cerrado de estos, pero sí se podrían mencionar algunos comúnmente utilizados en el mundo empresarial:

- Libro mayor, en el que se resume el detalle de operaciones realizadas por cuenta contable (a diferencia del libro diario, que ordena las operaciones realizadas por fecha).
- Libro de caja.
- Libro de remuneraciones a empleados.
- Libro de clientes.
- Libro de compras.
- Libro de ventas.

Nota

La llevanza de los libros registro del IVA, de facturas emitidas y de facturas recibidas se puede realizar mediante el sistema SII (Suministro Inmediato de Información) a través de la Sede Electrónica de la AEAT.

3.4. Principios y normas de contabilidad generalmente aceptados

Al hablar de documentos mercantiles y contables, es de obligado cumplimiento mencionar los marcos legales que regulan la contabilidad de las empresas, constituyendo en sí mismos los principios y normas generalmente aceptadas, siendo estas:

- El Código de Comercio y la restante normativa mercantil.
- El Plan General de Contabilidad de pequeñas y medianas empresas.
- El Plan General de Contabilidad y sus adaptaciones sectoriales.
- Las normas de desarrollo que, en materia contable, establezca el Instituto de Contabilidad y Auditoría de Cuentas (ICAC).
- La demás legislación española que sea específicamente aplicable.

4. La empresa: clases de empresas

A la hora de hablar de empresas, lo primero que se debe hacer es buscar una definición que haga ver claramente el concepto que se está tratando.

Una empresa es una entidad autónoma de producción, en la que se coordinan diversos medios productivos (trabajo humano y elementos materiales e inmateriales), bajo la dirección de un empresario, con el fin de elaborar productos o prestar servicios que permitan la satisfacción directa o indirecta de alguna necesidad humana.

En cualquier caso, existe mucha literatura y diversidad de criterios y definiciones de las empresas. Así, por ejemplo, la Comisión de la Unión Europea considera empresa a "toda entidad, independientemente de su forma jurídica, que ejerza una actividad económica", o, según el Derecho internacional, "la empresa es el conjunto de capital, administración y trabajo dedicados a satisfacer una necesidad en el mercado".

Analizando en detalle estas y otras definiciones que se puedan encontrar, se ve que existen ciertas pautas comunes en todas ellas, como es la existencia de unos medios productivos organizados para la producción de bienes y servicios encaminados a satisfacer una demanda.

A la hora de clasificar las empresas, existen multitud de criterios, si bien algunos de ellos tienen un mayor interés desde un punto de vista contable, como pueden ser aquellos que tienen en consideración el tamaño, el sector productivo y la forma jurídica y titularidad.

Algunas de las clasificaciones que se podrían realizar son:

- En relación al **tamaño,** están los siguientes tipos de empresas:
  - Microempresa.
  - Pequeña.
  - Mediana.
  - Grande.

El Reglamento (UE) n.º 651/2014 de la Comisión realiza la clasificación recogida en la siguiente tabla en función de este criterio.

Empresa	CRITERIOS		
	Balance general anual (miles de euros)	Volumen de negocio anual (miles de euros)	Trabajadores (número de empleados)
Microempresa	< 2.000	< 2.000	< 10
Pequeña	< 10.000	< 10.000	< 50
Mediana	< 43.000	< 50.000	< 250
Grande	≥ 43.000	≥ 50.000	≥ 250

Nota

Existe diversidad de opiniones a la hora de determinar los criterios que permiten encuadrar a una empresa en uno de los tamaños descritos, pero la cifra anual de negocios y el número medio de empleados son parámetros de referencia indiscutidos.

Nota

El PGC permite a las empresas presentar sus cuentas anuales en los modelos normal, pymes o abreviado en función de los criterios de tamaño definidos en el Depósito de cuentas anuales publicado cada año.

En relación al **sector económico,** las empresas se clasifican en:

- Empresas del sector primario: su actividad es la obtención de recursos naturales (agricultura, ganadería, pesca y minería).

- Empresas del sector secundario: su actividad es la transformación de materias primas en productos terminados (industria y construcción).
- Empresas del sector terciario: su actividad está relacionada con la prestación de servicios (servicios, comercio, transporte y comunicaciones).

Además, también pueden ser empresas del sector cuaternario (investigación y tecnología) o del sector quinario (educación, salud y cultura), aunque no es una clasificación muy extendida.

Importante

Dadas las especiales características de determinados sectores productivos, el PGC adapta sus normas generales a través de ajustes sectoriales, como el del sector inmobiliario, de entidades aseguradoras, de empresas concesionarias de infraestructuras públicas o empresas vitivinícolas, entre otras.

- En función de la **procedencia del capital,** se tienen:
  - Empresas privadas, cuando la propiedad de la empresa es de esta naturaleza.
  - Públicas, si el capital pertenece al Estado, Comunidades Autónomas, Diputaciones, Ayuntamientos u otros organismos dependientes de estas instituciones.
  - Mixtas, si la titularidad es compartida por entes públicos y privados.
- Según el **ámbito geográfico** donde realizan su actividad, serán:
  - Locales, cuando operan en una localidad determinada.
  - Nacionales, si sus operaciones se realizan únicamente en territorio nacional.
  - Internacionales, cuando operan en al menos dos países distintos.

- Según la **cuota de mercado** que posean, se encuentran:

  - Empresa líder, cuando posee la mayor cuota de mercado, fijando precios y estrategias que son seguidas por las demás.
  - Empresa aspirante, que es aquella que intenta ganar cuota de mercado respecto al líder y el resto de competidores.
  - Empresa seguidora, aquella con una cuota de mercado pequeña, que no supone amenaza para el líder.
  - Empresa especialista, que es aquella que se especializa, buscando un segmento de mercado muy concreto, en busca de un posible monopolio.

- Por la **forma jurídica y titularidad,** se podría hacer la siguiente distinción:

  - Según tengan o no ánimo de lucro:

    - Empresas mercantiles.
    - Empresas no mercantiles (asociaciones, fundaciones, patronatos, etcétera).

  - Según la titularidad pertenezca a una o a más personas físicas o jurídicas:

    - Empresas individuales.
    - Empresas sociales, que, a su vez, pueden clasificarse en:

      - Regulares o irregulares, según las formalidades de su constitución y acceso a un registro público.
      - Mercantiles puras (colectivas, comanditarias, anónimas y limitadas) o especiales (cooperativas, mutualidades, etcétera).
      - Las que limitan la responsabilidad de sus socios al capital comprometido (anónimas, limitadas, etcétera) y las que no lo hacen (colectivas, comanditarias simples).

Nota

Se consideran empresas sociales irregulares aquellas que, desarrollando una actividad empresarial, no se someten a los requisitos de forma, publicidad, constitución y registro de las sociedades mercantiles habituales.

Es interesante hacer una mención especial a dos tipos de sociedades que serán las que más habitualmente se encuentren: la Sociedad Limitada y la Sociedad Anónima. Como se acaba de ver, ambas son empresas mercantiles, sociales, regulares, puras, con responsabilidad limitada al capital comprometido por los socios y privadas.

La Sociedad Limitada (S. L.) o Sociedad de Responsabilidad Limitada (S.R.L.) es una sociedad de carácter mercantil en la que el capital social, que estará dividido en participaciones sociales, indivisibles y acumulables, se integrará por las aportaciones de todos los socios, quienes no responderán personalmente de las deudas sociales. El capital mínimo para su constitución es de un euro.

La Sociedad Anónima (S. A.) es una sociedad de carácter mercantil en la que su capital social está dividido en acciones. Los socios se constituyen como tal mediante la adquisición de dichas acciones, no respondiendo con su patrimonio personal de las deudas de la sociedad, sino únicamente hasta la cantidad máxima del capital aportado. El capital mínimo de este tipo de sociedad es de 60.000 euros.

5. Conceptos básicos: ingreso-cobro; gasto-pago

En el lenguaje cotidiano, es muy común que se empleen indistintamente los términos ingreso y cobro y las expresiones gasto y pago, pero, desde un punto de vista contable, esto no es así y se debe ser muy cuidadoso a la hora de emplearlos.

Los términos ingreso y gasto están relacionados con el movimiento de bienes o prestación de servicios, aumentando o disminuyendo el patrimonio de la empresa y originando derechos y obligaciones, pero nunca movimiento de dinero, reflejando los flujos económicos o reales del ciclo empresarial. Es lo que se conoce como **corriente real o económica** de la empresa.

Por otro lado, los términos cobro y pago hacen referencia al movimiento de dinero asociado a una corriente económica. Es lo que se conoce como **corriente monetaria o financiera** de la empresa, que puede producirse antes, durante o después de la corriente económica a la cual se asocia.

Esta temporalidad de la corriente financiera de la empresa respecto a la corriente económica introduce conceptos básicos que se usan en el mundo empresarial: operaciones al contado, de anticipo y a crédito.

Cuando la corriente financiera (movimiento de dinero) se produce a la vez que la corriente económica (movimiento de bienes o servicios), se está ante operaciones comerciales al contado, es decir, se produciría una entrega de bienes o servicios al mismo tiempo que se pagarían por la parte adquirente.

En otras ocasiones, la corriente financiera (entrada/salida de dinero) será anterior a la económica, lo que generará la aparición de anticipos. La ejecución de la corriente económica (entrega de bienes o servicios) supondrá la desaparición total o parcial de estos anticipos.

Si, por el contrario, la corriente económica (entrega de bienes o servicios) es anterior a la financiera (entrada/salida de dinero), se generará una operación a crédito, originando una obligación de pago para el adquirente y un derecho de cobro para el suministrador, que quedarán saldados una vez ejecutada la corriente financiera.

Gastos e ingresos vs pagos y cobros

GASTO
Toda operación que implica una reducción del patrimonio de la empresa.

PAGO
Flujo exclusivamente monetario que refleja la entrega de dinero para saldar una deuda.

VS

INGRESO
Toda operación que implica un aumento del patrimonio de la empresa

COBRO
Flujo exclusivamente monetario que refleja el recibo de dinero para saldar una deuda.

Corriente económica y financiera

La diferencia temporal entre las corrientes económica y financiera generará la aparición de hechos contables que se debe reflejar en los libros a través de asientos de contabilidad, de modo que se puede mostrar en cada momento la situación en la que la empresa se encuentra.

La corriente económica se basará en el **principio contable de devengo,** que quiere decir que las operaciones se registrarán en el momento en que ocurran, con independencia de cuándo se produzca el movimiento de dinero, y cuya diferencia (ingresos-gastos) dará el resultado económico de la empresa en un periodo de tiempo.

Principio de devengo
El principio de devengo es aquel que establece el criterio de imputación temporal de ingresos y gastos en función de la corriente real de bienes y servicios, en vez de hacerlo atendiendo a las corrientes monetarias que se produzcan, proporcionando de esta manera una información más fiable y relevante.

La corriente financiera registrará los movimientos de tesorería, permitiendo conocer la situación de liquidez de una empresa en un momento determinado, sirviendo de base para realizar informes financieros y previsiones de tesorería (o *cash flow).*

Recuerde

La corriente económica hace referencia a los ingresos y gastos, mientras la corriente financiera se relaciona con los cobros y pagos.

La información obtenida de los registros contables de ambas corrientes es esencial para la correcta gestión de una empresa y siempre han de entenderse como un conjunto. Los informes económicos indicarán si el negocio va obteniendo resultados positivos o negativos (si al final va a ganarse o a perderse dinero), mientras que los financieros mostrarán si se dispone del dinero suficiente en un momento determinado en las cuentas bancarias para ir haciendo frente a los pagos comprometidos.

Nota

En última instancia, salvado el desfase temporal que pueda darse en cada situación, resultado económico y financiero confluyen en un único valor final.

Aplicación práctica

Usted, director financiero de una compañía, está sentado en su despacho cuando le presentan los informes mensuales de la marcha del negocio. En ellos puede ver que las previsiones de resultado económico son positivas, pero, antes de poder alegrarse, observa que los informes financieros presentan que para los próximos meses los pagos serán mayores que los cobros, dando previsiones negativas.

Usted estima oportuno pensar sobre la situación en la que se encuentra, los posibles problemas y soluciones que pudiera aplicar y si considera que la marcha de su negocio tiene buenas perspectivas futuras.

Comparta con nosotros esos pensamientos.

SOLUCIÓN

La consideración inicial sería que los resultados económicos son positivos, lo que quiere decir que los ingresos son mayores que los gastos, lo cual es una señal de que el negocio inicialmente tiene una buena perspectiva futura. La corriente financiera (los cobros de los ingresos y los pagos de los gastos) es un reflejo de los resultados económicos afectados por la temporalidad en la que se realizan, por lo que, al final, todo confluirá en esa previsión de resultado positivo que muestra previsión económica. Los informes financieros negativos indican que habrá momentos en que no se tengan los suficientes cobros para atender los compromisos de pago. Esto puede deberse a la aparición de pagos no previstos o a que los clientes se están retrasando en pagar. Podría plantearse realizar una gestión de cobros más eficaz, solicitar un préstamo bancario para atender a momentos puntuales en los que no se tuviese liquidez suficiente o incluso negociar con los proveedores la refinanciación de la deuda que se tiene con ellos.

6. Resumen

Delimitado el concepto de empresa y las posibles clasificaciones que podrían hacerse de ellas, se ha analizado cómo se documentan las principales transacciones que estas realizan en el transcurso de su actividad empresarial.

El entendimiento y buen uso de los documentos mercantiles y contables constituye un pilar esencial para la gestión de cualquier negocio y la correcta gestión y organización de estos supone un ahorro de tiempo y dinero.

Se ha visto cómo parte de esta documentación es usada en la elaboración de informes contables, que son la base para el análisis y toma de decisiones por parte de los empresarios. Estos son los libros contables, que pueden ser obligatorios por ley u opcionales.

En estos primeros pasos por el mundo contable, la distinción entre corriente real o económica (movimiento de bienes y/o servicios) y corriente monetaria o financiera (movimiento de dinero) es esencial para conseguir reconocer los hechos contables que generan cada una de ellas y poder así registrarlos adecuadamente, de modo que los libros reflejen una imagen fiel de la situación económica y patrimonial de la empresa.

Ejercicios de repaso y autoevaluación

1. **Complete las siguientes oraciones.**

   La contabilidad es la ciencia ____________ que se encarga de estudiar, medir, registrar y dejar constancia de forma sistemática y regulada, las ____________ realizadas por empresas y/o particulares y las variaciones de ____________ que de estas se deriva, en el marco de las actividades económicas en que aquellos se emplazan, para obtener finalmente la base de _______ financiera necesaria destinada a la toma de ____________ empresariales.

   El pagaré es una ____________ futura de pago, mientras que el cheque es una ____________ de pago ejecutable en el mismo momento que se posea el documento.

2. **Enumere algunas de las funciones que realiza la documentación mercantil y contable dentro de una empresa.**

   ____
   ____
   ____
   ____
   ____
   ____
   ____

3. **De las siguientes afirmaciones, diga cuál es verdadera o falsa.**

   a. No es obligatorio que una factura refleje el NIF de la empresa a la que va dirigida.

      ☐ Verdadero
      ☐ Falso

   b. Una factura debe llevar obligatoriamente los datos bancarios de la empresa a la que se dirige.

      ☐ Verdadero
      ☐ Falso

c. La factura proforma es usada comúnmente como justificante contable de una operación comercial.

- ☐ Verdadero
- ☐ Falso

d. La factura constituye un justificante fiscal de la entrega de bienes y/o servicios de una operación.

- ☐ Verdadero
- ☐ Falso

e. La corriente económica de la empresa también es conocida como corriente monetaria.

- ☐ Verdadero
- ☐ Falso

f. Los términos "cobro" y "pago" se asocian a la corriente financiera de la empresa.

- ☐ Verdadero
- ☐ Falso

g. Cuando la corriente financiera es anterior a la económica, se generan operaciones a crédito.

- ☐ Verdadero
- ☐ Falso

h. La corriente económica está relacionada con el aumento y/o disminución del patrimonio de la empresa.

- ☐ Verdadero
- ☐ Falso

4. Señale la respuesta correcta. Un contrato...

a. ... no es adecuado que tenga una extensión mayor de diez hojas.
b. ... genera un asiento contable, reconociendo una deuda en las cuentas.
c. ... genera un asiento contable, reconociendo un derecho en las cuentas.
d. ... recoge las obligaciones y derechos derivados del acuerdo entre dos o más partes.

5. En el contexto de un cheque, relacione los siguientes elementos.

a. Librador.
b. Librado.
c. Beneficiario.

__ Entidad bancaria que paga el cheque.
__ Persona que cobra el cheque.
__ Persona que emite el cheque.

6. Relacione los siguientes elementos.

a. Factura.
b. Albarán.
c. Contrato.
d. Nóminas.
e. Impuestos.

__ Justificante de salarios percibidos por trabajadores.
__ Documento que refleja la información de compraventa.
__ Justificante de las relaciones con la Agencia Tributaria.
__ Justificación de entrega de un pedido o servicio.
__ Acuerdo entre dos o más partes.

7. **Indique qué libros contables no son obligatorios según la legislación vigente. Seleccione todas las opciones correctas:**

    a. Libro diario.
    b. Libro de caja.
    c. Libro inventario y cuentas anuales.
    d. Libro de actas.
    e. Libro mayor.

8. **Enumere los informes o estados financieros que componen las cuentas anuales de una empresa.**

9. **Explique en qué se diferencian un pagaré y un cheque.**

10. **Una Sociedad Anónima es una sociedad...**

    a. ... mercantil, pura y sin ánimo de lucro.
    b. ... mercantil, social y con responsabilidad ilimitada de los socios.
    c. ... regular, social, pura y pública.
    d. ... mercantil, pura y con responsabilidad limitada de los socios.

Capítulo 2

El patrimonio de la empresa

Contenido

1. Introducción

Una vez esbozados algunos conceptos introductorios de la contabilidad y entendiendo que la empresa será la usuaria principal de ella, se debe ir un paso más allá y conseguir desmenuzar su composición, analizando los distintos elementos que la forman, así como la clasificación que desde un punto de vista contable se podría hacer de ellos.

Esto permitirá establecer grupos con características comunes, que serán tratados según unos determinados principios y que, debidamente ordenados, mostrarán la situación en la que una empresa se encuentra.

De esta manera, se está introduciendo en el patrimonio de la empresa, clasificándolo en sus principales grupos o masas patrimoniales y viendo cómo estas se relacionan.

Hay que tener presente que el estudio y análisis del patrimonio es uno de los principales objetos de la contabilidad.

2. Concepto contable del patrimonio

La primera idea que se viene de forma automática a la cabeza al hablar de patrimonio es "lo que se tiene". Generalmente, se asimila a propiedades o artículos reales y tangibles de los que se dispone.

Podría buscarse en un diccionario su definición y este diría que es el "conjunto de los bienes propios adquiridos por cualquier título".

Pero no sería esta la única acepción, ya que el concepto de patrimonio es especialmente complejo, abarcando desde una consideración estrictamente jurídica, pasando por la contable o económica, hasta llegar a conceptos calificados como patrimonio cultural, patrimonio de la humanidad, patrimonio colectivo, corporativo, etcétera. Asimismo, no es fácil desligarlo de términos más abstractos como la capacidad patrimonial, que es la legítima posibilidad que tiene un sujeto de adquirir derechos y obligaciones de carácter patrimonial.

El origen de la palabra patrimonio se remonta al derecho romano, entendiéndose por él la propiedad familiar que se heredaba del padre. Distintos pensadores y escuelas fueron matizando este término y fue a partir del Código Napoleónico donde se introdujo en su definición una característica que tiene especial relevancia a la hora de estudiar la vertiente económica de la palabra, estableciendo que el patrimonio solo abarcaba aquellos elementos capaces de ser evaluados monetariamente.

El dinero es el reflejo material de la evaluación monetaria.

Sabía que...

La palabra patrimonio viene del latín *patri* = padre y *onium* = recibido, significando lo recibido por línea paterna, es decir, por ejemplo las herencias.

En este punto, es interesante realizar una simple reflexión que presente la acepción usada en contabilidad del término patrimonio.

Toda empresa necesita unos medios materiales para la consecución de su objetivo final, la obtención de beneficios. Y para poder adquirir estos medios materiales son necesarias unas fuentes de financiación, que serán principalmente:

- Aportaciones de los propietarios, que es lo que se conoce como financiación propia de la empresa.
- Recursos de terceros, es decir, la financiación ajena.

De esta manera, la empresa poseerá bienes, que constituyen su estructura económica, mientras que, por otro lado, tendrá deudas, que son las fuentes de financiación usadas.

Así, se pueden ir perfilando los elementos básicos que formarán parte del concepto de patrimonio: bienes y derechos y deudas u obligaciones.

Definición

Patrimonio
Desde un punto de vista contable, conjunto de bienes, derechos y obligaciones que, bajo la titularidad de la empresa (persona física o jurídica), están afectos a su actividad económica a un fin concreto y son susceptibles de valoración económica.

En esta definición, tres aspectos de los elementos incluidos, de especial relevancia, son:

- Deben estar bajo la titularidad de la empresa, en cualquiera de las figuras jurídicas que permite la ley vigente.
- Deben estar afectos a la actividad ordinaria de la empresa.
- Deben poder valorarse económicamente, como modo de homogeneización de los distintos elementos.

A efectos de su valoración, se puede establecer que el patrimonio de la empresa tiene una parte positiva y otra negativa, quedando de la siguiente manera:

- La **parte positiva** está formada por los bienes (elementos materiales o tangibles, como edificios, mobiliario, coches, etcétera) y derechos (elementos intangibles derivados de relaciones jurídicas de uso, posesión, propiedad, como derechos de cobro de clientes, mercancías pendientes de recibir, etcétera).
- La **parte negativa,** que la componen las obligaciones (intangibles, como pueden ser deudas pendientes de pagar, materiales que hay que entregar, etcétera).

La diferencia entre la suma de la parte positiva (bienes y derechos) y la suma de la parte negativa (obligaciones) dará el valor del **patrimonio neto** de la empresa, que es lo se podría considerar como el valor objetivo de la empresa en un momento dado, es decir, lo que realmente queda o lo que realmente se llevarían los empresarios si en ese preciso momento decidieran cerrar el negocio. Así, se tendría que:

PATRIMONIO NETO = BIENES + DERECHOS - OBLIGACIONES

Es importarte destacar que no se debe confundir el patrimonio de la empresa con el patrimonio del empresario. Aunque existen formas jurídicas de sociedades para las que el patrimonio personal del empresario responde subsidiariamente ante las deudas con terceros. En estos casos se le conoce como **patrimonio de garantía.**

Nota

Existen sociedades donde la responsabilidad de la empresa está limitada al patrimonio empresarial, sin afectar a las propiedades personales del empresario, como en las sociedades anónimas o limitadas, como ejemplos más conocidos.

A continuación se expone gráficamente lo anteriormente expuesto.

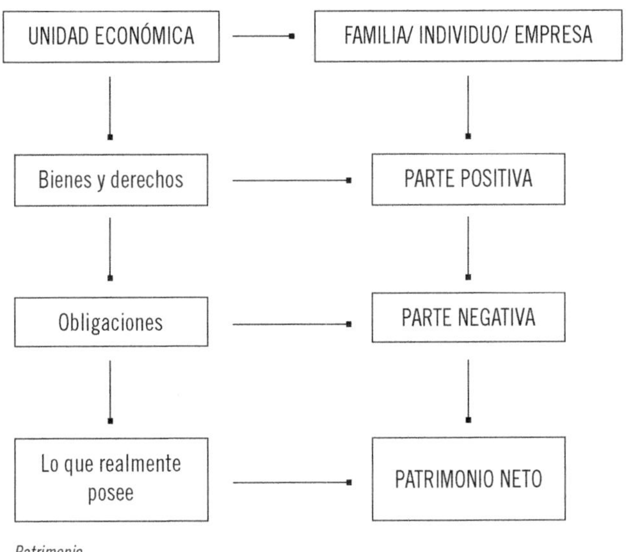

Patrimonio

3. Inventario y masas patrimoniales

Se entiende como elemento patrimonial a cada de una de las partes, autónoma e indivisible, en las que se divide el patrimonio de una empresa.

Estos elementos se clasificarán en una de las dos partes simétricas y opuestas, de igual valor, que componen una empresa. Por un lado, el activo y, por otro, el patrimonio neto y pasivo:

- El activo, constituido por los medios materiales antes comentados, necesarios para la realización de la actividad económica, representados en los bienes y derechos que posee la empresa. En resumen, integrado por los elementos que constituyen los medios económicos de producción de la empresa y sus inversiones.
- El pasivo y patrimonio neto, formados por las fuentes de financiación necesarias para la obtención del activo, que constituyen las deudas que se poseen. En resumen, se integran por los elementos que constituyen los medios de financiación de la empresa.

ACTIVO = PATRIMONIO NETO + PASIVO

BIENES + DERECHOS – OBLIGACIONES = PATRIMONIO NETO

Nota

El pasivo es la fuente de financiación ajena, las deudas y obligaciones pendientes. El patrimonio neto es la fuente de financiación propia

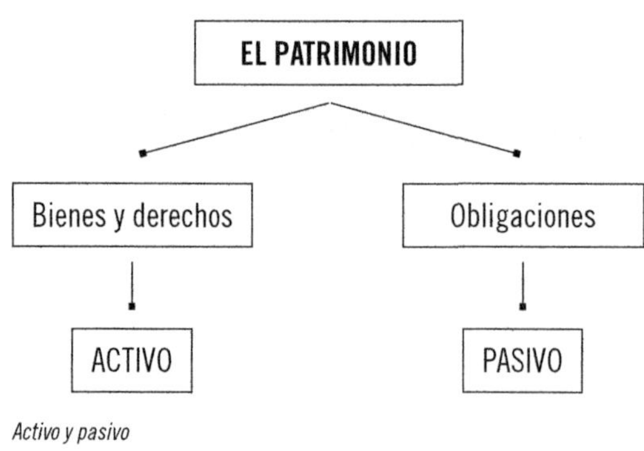

Activo y pasivo

Coloquialmente hablando, se podría decir que en el activo la empresa refleja lo que hay en ella, mientras que en el pasivo mostraría lo que debe.

Ejemplo

Elementos patrimoniales de activo (que posee o entran en la empresa) podrían ser mercancías destinadas a la venta, edificios que posea, derechos de cobro a su favor, dinero en las cuentas bancarias, etcétera.

Como elementos patrimoniales de pasivo (que debe o salen de la empresa) podrían citarse un préstamo que hizo el banco y que se debe devolver, pagos pendientes que se tengan que realizar a proveedores, pagos pendientes a realizar a los accionistas de la empresa, etcétera.

A la hora de representar el patrimonio empresarial, los elementos patrimoniales de iguales características se agrupan en unidades más complejas (las cuentas contables), que, a su vez, se adscriben a conjuntos homogéneos, que son las masas patrimoniales.

Definición

Masas patrimoniales
Agrupaciones de elementos patrimoniales homogéneos y organizados y que tienen la misma funcionalidad económica y financiera. Las tres grandes masas patrimoniales son el activo, el pasivo y el patrimonio neto.

Esta serie de agrupaciones, organizando los elementos patrimoniales, permiten obtener una rápida y clara información sintetizada de la situación de la empresa.

A continuación, se expone gráficamente cómo se relacionan los conceptos que se están explicando.

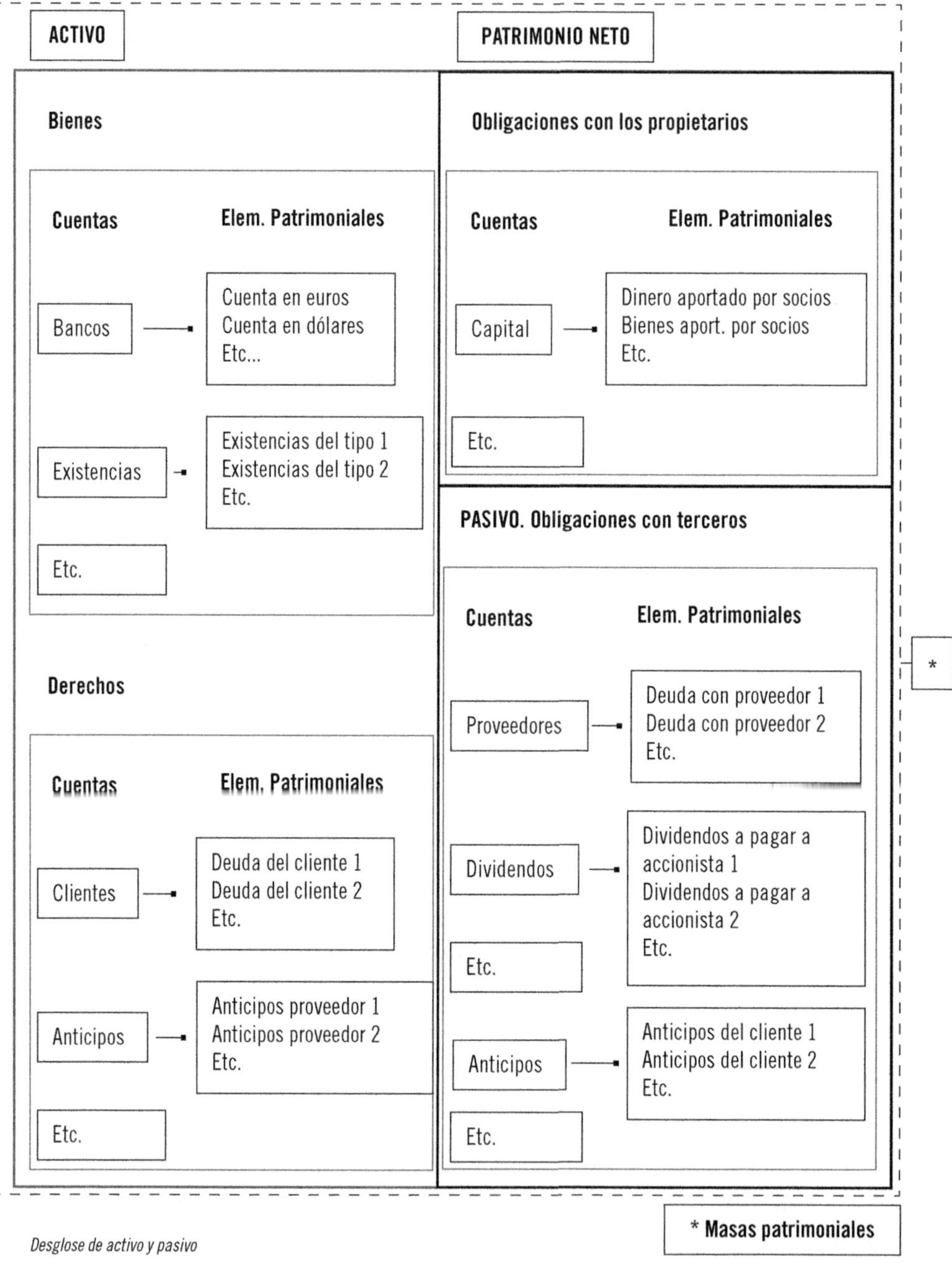

Desglose de activo y pasivo

Al ponerse en la mente de un empresario, se podría fácilmente entender la importancia que tiene el conocer cuál es su patrimonio, ya que esto le diría los bienes y derechos que tiene, así como las obligaciones. Es decir, obtendría su situación neta en un momento determinado. De ahí que el análisis patrimonial sea una práctica esencial al realizar actividades económicas.

Este análisis puede ser de dos tipos:

- **Cualitativo:** estudiando el tipo y número de bienes y deudas que lo integran. Este es un análisis eminentemente físico, de reconocimiento de lo que se tiene o se debe, pero que no llevaría a ninguna conclusión, debido a la dificultad de relacionar los distintos elementos, por ser muy heterogéneos.
- **Cuantitativo:** supone la conversión en términos monetarios de los elementos obtenidos en el análisis cualitativo, de modo que se puedan comparar entre sí y llegar a una situación neta del negocio.

De todo este análisis, se podrá obtener el inventario de la empresa.

La obtención de un correcto y detallado inventario es un punto de partida básico para la realización de una contabilidad adecuada y fiable.

Definición

Inventario
Documento donde se plasma la relación detallada (cualitativa) y valorada (cuantitativa) de los elementos que componen el patrimonio de una empresa.

Para realizarlo, se practican los siguientes pasos:

1. Hacer una lista con los distintos bienes, derechos y obligaciones que pertenezcan a la empresa, mediante la investigación y el análisis de la documentación existente, hablando y preguntando a las personas de los distintos departamentos, etcétera.

2. Realizado el recuento físico de los elementos patrimoniales de los que se disponga, se realizará una valoración económica de ellos, con la idea de homogeneizarlos y poder presentarlos de una forma clara y fácilmente entendible, atribución de precios de adquisición o de costes de producción y determinación final de su valor.
3. Una vez valorados los elementos, se ordenan agrupándolos en masas patrimoniales, para conseguir una correcta presentación que permita ver fácilmente la situación patrimonial en la que se está. Al documento resultante se le denomina inventario, balance-inventario o también balance extracontable.

Importante

Para realizar correctamente la fase número 2, se deben entender las normas de valoración que a este efecto establece el Plan General de Contabilidad.

Existen distintos tipos de inventario, pudiendo hacer clasificaciones en función de distintos criterios:

- Según el momento en que se realicen.
  - Inventario inicial: aquel que se realiza por primera vez cuando se inicia una actividad o una contabilidad.
  - Final: el que se realiza al acabar cada ejercicio económico.
  - Extraordinario: aquel que se realiza de manera excepcional, por diversas causas, como la extinción del negocio, problemas de cuadres de cuentas, etcétera.
- Según su contenido:
  - General: contempla la totalidad de los elementos patrimoniales de que se dispongan.

- Parcial: centrado específicamente en un tipo de elemento patrimonial. El ejemplo más claro es el inventario de existencias, aunque puede ser de cualquier otra partida: de clientes, de deudas con organismos oficiales, etcétera.

Nota

Es habitual realizar un inventario al final del ejercicio económico para valorar las existencias finales y realizar los ajustes para que la contabilidad muestre los importes reales obtenidos.

Es necesario que con una mayor frecuencia se hagan inventarios sin realizar la valoración económica, a efectos de realizar determinadas comprobaciones, como por ejemplo ver el número de armarios que se tienen, el número de productos terminados listos para ser vendidos, etcétera.

Generalmente, esto es lo que se entiende fuera del mundo empresarial como un inventario, aunque aquí ya se tiene una visión mucho más amplia y específica de este concepto.

Consejo

En los casos en que se asigne llevar una contabilidad de una empresa que no es de nueva creación, es muy recomendable realizar un inventario para comprobar que los informes contables, de los que a partir de ese momento habrá que hacerse cargo, reflejan la realidad de la situación patrimonial de la empresa. Este sería un claro ejemplo de inventario extracontable, motivado por el cambio de la persona responsable de la contabilidad.

Aplicación práctica

Un empleado de banca está estudiando la posibilidad de conceder un préstamo a dos de sus clientes que se lo han solicitado.

De José sabe que tiene en la cuenta bancaria 10.000 €, que los va a usar como pago en concepto de anticipo de un coche recién adquirido por 18.000 €, con el que sustituirá su actual coche, que se lo valoran en 3.000 €. Además, tiene una casa valorada en 180.000 €, sobre la que tiene una hipoteca pendiente de pago de 110.000 €, y un vecino suyo le debe 2.000 € que él le prestó un tiempo atrás.

De Pedro sabe que tiene 800 € en su cuenta corriente y una casa valorada en 90.000 €, de los que le quedan 15.000 € por pagar, y una motocicleta con un valor de 600 €.

¿Cuál de ellos sería la mejor opción para conceder el préstamo?

SOLUCIÓN

A la hora de tomar la decisión de a quién conceder el préstamo, el empleado de banca debe analizar la situación patrimonial de cada uno de sus clientes. Es decir, tendrá que analizar qué bienes, derechos y obligaciones tiene cada uno, para así poder determinar cuál de ellos tiene un patrimonio neto mayor.

José cuenta con la siguiente situación:

\+ 10.000 € en la cuenta bancaria (bien).
\+ 3.000 € valoración coche antiguo (bien).
\+ 180.000 € de la vivienda (bien).
\+ 2.000 € que le debe su vecino (derecho).
\- 18.000 € compra coche nuevo (obligación).
\- 110.000 € hipoteca pendiente (obligación).

Recordando que el patrimonio neto es igual a la suma de los bienes y derechos menos las obligaciones, se tendría que el patrimonio neto de José es:

$$+10.000 + 3.000 + 180.000 + 2.000 - 18.000 - 110.000 = 67.000\ €$$

Pedro tiene los siguientes elementos:

Continúa en página siguiente >>

<< Viene de página anterior

+ 800 € en la cuenta bancaria (bien).
+ 90.000 € de la vivienda (bien).
+ 600 € motocicleta (bien).
- 15.000 € hipoteca pendiente (obligación).

Su patrimonio neto sería:

+ 800 + 90.000 + 600 – 15.000 = 76.400 €

Por tanto, el patrimonio neto de Pedro es mayor que el de José, por lo que sería más seguro conceder el préstamo a Pedro.

3.1. Clasificación de las masas patrimoniales

En el apartado anterior, se ha visto como el patrimonio empresarial, compuesto por los distintos elementos patrimoniales, se estructura agrupando estos en las tres grandes masas patrimoniales que se consideran en contabilidad: el activo, el pasivo y el patrimonio neto.

También se ha apuntado que dentro de cada una de estas masas patrimoniales existen otros niveles de agrupación y organización, de forma que se permita mostrar la situación patrimonial de la empresa de una manera más sencilla y respetando las normas y regulaciones que hay sobre esta materia.

Se pasa de este modo a definir y estudiar en detalle cada una de las masas patrimoniales, para tener un mejor conocimiento de ellas.

El activo

El Plan General de Contabilidad define el activo como los "bienes, derechos y otros recursos controlados económicamente por la empresa, resultantes de sucesos pasados, de los que se espera que la empresa obtenga beneficios o rendimientos económicos en el futuro".

El activo recogerá todo aquello cuanto la empresa posee, ya sean bienes tangibles (dinero, edificios) o intangibles (derechos de cobro o de cualquier otro tipo), y que serán empleados en la actividad económica en busca de la obtención de beneficios futuros.

El activo se clasificará en dos grupos:

Corriente

Se considerarán activos corrientes aquellos que:

- Estén vinculados al ciclo normal de explotación de la empresa y que esta espera vender, consumir o realizar en el transcurso del mismo. Con carácter general, este ciclo no excederá de un año.
- Sin estar vinculados al ciclo normal de explotación de la empresa, se espera que su vencimiento, enajenación o realización se produzca en el plazo máximo de un año.
- El efectivo y otros activos líquidos equivalentes que no tengan utilización restringida al menos en un año para ser usados.

Definición

Ciclo normal de explotación
Periodo de tiempo que transcurre entre la adquisición de los activos que se incorporan al proceso productivo y la realización de los productos en forma de efectivo o equivalentes al efectivo. Cuando el ciclo normal de explotación no resulte claramente identificable, se asumirá que es de un año.

No corriente

Todos aquellos activos que no son corrientes.

Esta clasificación entre corriente y no corriente, por normal general, se basa en la posibilidad de disponer o hacer realizables unos derechos dentro del horizonte temporal de un año. Esto es lo que habitualmente se conoce como "corto plazo", inferior o igual al año dentro del mundo empresarial, mientras que lo que exceda de él será el "largo plazo" (más de un año).

Se puede profundizar aún más y ver algunos de los conceptos que se incluyen en cada una de esas subdivisiones del activo:

- Activo corriente:
    - **Activos no corrientes mantenidos para la venta:** aquellos activos no corrientes cuyo valor contable se recuperará fundamentalmente a través de la venta en lugar de por su uso continuado.
    - **Existencias:** bienes poseídos por una empresa para su venta en el curso ordinario de la explotación o bien para su transformación o incorporación al proceso productivo (materias primas, productos terminados, productos en curso, etcétera).
    - **Deudores comerciales y otras cuentas a cobrar:** créditos que la empresa posee con los distintos agentes económicos (clientes, deudores, personal, Administraciones Públicas, etcétera).
    - **Inversiones financieras temporales o a corto plazo:** inversiones que realiza la empresa con la idea de mantenerlas por un periodo inferior a un año (obligaciones y bonos a corto plazo, participaciones en otras empresas a corto plazo, etcétera).
    - **Tesorería:** dinero efectivo de que dispone la empresa (bancos, caja, etcétera).

Nota

Parece raro que un activo no corriente se clasifique dentro de los activos corrientes, pero esto se debe a que, en ocasiones, un activo de naturaleza no corriente se decide poner a la venta y, al esperar que esta se realice en un periodo inferior al año, tendría la consideración de corriente.

- Activo no corriente:

  - **Inmovilizado intangible:** conjunto de bienes intangibles y derechos susceptibles de valoración económica, que cumplen además las características de permanencia en el tiempo (concesiones, licencias, marcas, etcétera).
  - **Inmovilizado material:** conjunto de elementos patrimoniales tangibles que se utilizan de manera continuada en la producción de bienes y servicios y que no están destinados a la venta (instalaciones, mobiliario, equipos informáticos, maquinaria, etcétera).
  - **Inversiones inmobiliarias:** activos no corrientes que sean inmuebles y que se posean para obtener rentas, plusvalías o ambas (edificios, terrenos, etcétera).
  - **Inversiones financieras a largo plazo:** inversiones que realiza la empresa con la idea de mantenerlas en el tiempo (al menos por un periodo superior al año).

ACTIVO
(Medios económicos o Inversión / Empleos en bienes y derechos)

ACTIVO NO CORRIENTE

- Inmovilizado intangible
- Inmovilizado material
- Inversiones inmobiliarias

Inversiones financieras

ACTIVO CORRIENTE

- Activo no corriente mantenido para la venta
- Existencias
- Deudores
- Inversiones financieras temporales
- Tesorería

El pasivo

El Plan General de Contabilidad define el pasivo como las "obligaciones actuales surgidas como consecuencia de sucesos pasados, para cuya extinción la empresa espera desprenderse de recursos que puedan producir beneficios o rendimientos económicos en el futuro. A estos efectos, se entienden incluidas las provisiones".

Nota

En definitiva, el pasivo recogerá las deudas que tiene la empresa con terceros (acreedores, proveedores, bancos, Administraciones Públicas, etcétera).

Una vez definido el pasivo, se pasa a estudiar su estructura. Tradicionalmente, se ha venido organizando en función del criterio de exigibilidad de los elementos patrimoniales que lo integran, es decir, atendiendo al horizonte temporal en que las obligaciones deben ser atendidas, teniendo así:

- **Corriente:** que comprenderá, por normal general, las obligaciones cuyo vencimiento o extinción no excedan del ciclo normal de explotación de la empresa o del plazo máximo de un año contado desde el cierre del ejercicio anterior.
- **No corriente:** cualquier otro no incluido en la definición anterior.

Algunos de los elementos que se incluye cada uno de estos grupos son:

- Pasivo corriente:
    - **Provisiones a corto plazo:** estimaciones de pagos futuros, que habrán de hacerse efectivos en un periodo inferior al año (provisión para reestructuraciones, para actuaciones medioambientales, etcétera).
    - **Deudas a corto plazo:** obligaciones de pago en un periodo inferior al año (con entidades de crédito, acreedores, proveedores, personal, etcétera).

- Pasivo no corriente:

  - **Provisiones a largo plazo:** estimaciones de pagos futuros, que habrán de hacerse efectivos en un periodo superior al año (provisión para reestructuraciones, para actuaciones medioambientales, etcétera).
  - **Deudas a largo plazo:** obligaciones de pago en un periodo superior al año (con entidades de crédito, acreedores, proveedores, etcétera).

PASIVO **(Medios financieros financiación ajena / fuentes obligaciones con ajenos)**
PASIVO NO CORRIENTE - Provisiones a largo plazo - Deudas a largo plazo **PASIVO CORRIENTE** - Provisiones a corto plazo - Deudas a corto plazo

El patrimonio neto

El Plan General de Contabilidad define el patrimonio neto como:

La parte residual de los activos de la empresa, una vez deducidos todos sus pasivos e incluye las aportaciones realizadas, ya sea en el momento de su constitución o en otros posteriores, por sus socios o propietarios, que no tengan la consideración de pasivos, así como los resultados acumulados u otras variaciones que le afecten.

El patrimonio en esencia recoge las deudas que la empresa tiene con sus propietarios.

Los principales elementos que componen el patrimonio neto de una empresa son los siguientes:

- Fondos propios (capital aportado por los socios, reservas, resultado de la empresa en la marcha de su actividad empresarial).

- Ajustes por cambios de valor (cuando se producen ajustes en la valoración de activos y pasivos, que pueden suponer un incremento o decremento del patrimonio neto).
- Subvenciones, donaciones y legados.

PATRIMONIO NETO (Diferencia entre los activos y pasivos)
a. Fondos propios b. Ajustes por cambios de valor c. Subvenciones, donaciones y legados

Recuerde

El patrimonio neto recoge, entre otros conceptos, las deudas que la empresa tiene con sus propietarios.

La clasificación de los distintos elementos patrimoniales en masas patrimoniales y subdivisiones aún más precisas, agrupándolos según su naturaleza y comportamiento homogéneo económico y financiero, consigue ofrecer una imagen clara y fácilmente entendible para el estudio del estado en el que se encuentra una empresa en un momento determinado, permitiendo establecer las relaciones existentes entre los activos y pasivos corrientes y no corrientes y, de este modo, sacar las propias conclusiones.

Ejemplo

Imagínese una compañía en la que su pasivo corriente supera ampliamente a su activo corriente. Esto estaría diciendo que se tienen deudas que atender en menos de un año y

Continúa en página siguiente >>

<< Viene de página anterior

que los bienes o derechos realizables en ese periodo no serán suficientes para atender esas obligaciones. Se tendría que estudiar en detalle la situación para entender qué está pasando y cómo afrontar esa situación.

Se define capital corriente como la diferencia existente entre el activo y el pasivo corrientes. Este concepto dice qué parte de los activos corrientes (medios productivos necesarios en el ciclo de producción inmediato de la empresa) están financiados con pasivo no corriente, dando así una idea de la solvencia de la empresa.

Capital corriente = Activo corriente – Pasivo corriente

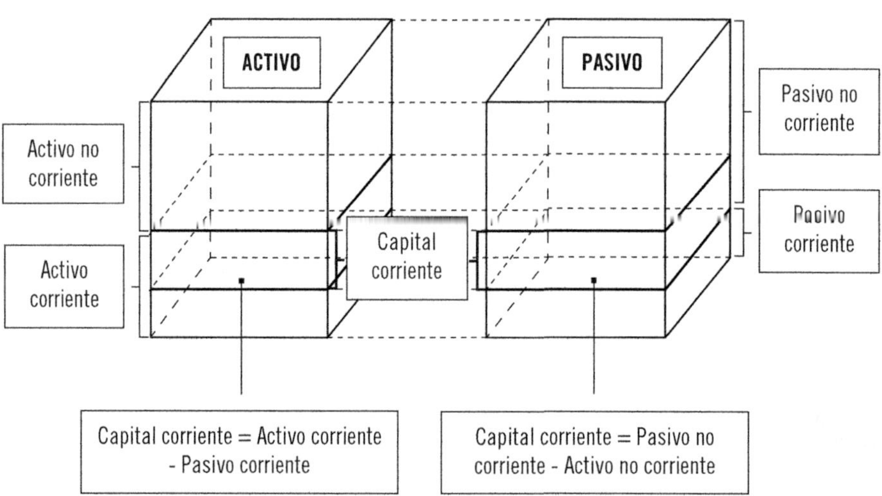

Esquema del capital corriente

Nota

En una primera aproximación al análisis de una empresa, es importante estudiar la relación existente entre el activo y el pasivo corrientes.

Aplicación práctica

Como responsable del departamento contable de su empresa, una vez cerrado el periodo contable correspondiente, se reúne con el director financiero para comentar la situación que hay.

Procesada toda la información, se obtiene el siguiente balance:

	ACTIVO	Saldo	PASIVO	Saldo
No corriente	Maquinaria	3.000,00	Capital	3.000,00
	Equipos informáticos	900,00	Resultados	550,00
			Acreedores largo plazo	150,00
Corriente	Deudores corto plazo	800,00	Acreedores corto plazo	2.500,00
	Bancos	1.500,00		
TOTAL		6.200,00		6.200,00

¿Cree conveniente hacer alguna mención especial en relación al capital corriente en la reunión que mantendrá?

SOLUCIÓN

Una vez elaborado el balance, se obtendría el capital corriente de la empresa.

Para ello, se aplicaría su definición:

Continúa en página siguiente >>

<< Viene de página anterior

Capital corriente = activo corriente – pasivo corriente

Capital corriente = 800,00 + 1.500,00 – 2.500,00 = – 200,00

El capital corriente negativo dice que no hay medios económicos de disposición inmediata suficientes para afrontar las obligaciones a corto plazo, lo que podría en un momento dado ocasionar problemas de tesorería.

Debería comentarse este aspecto, para poner las medidas correctoras oportunas y no encontrarse con problemas financieros en un futuro próximo.

3.2. El equilibrio patrimonial

En los apartados anteriores, se han definido las masas patrimoniales, aprendiendo que:

- El activo son los bienes y derechos de que dispone la empresa.
- El pasivo, entendido de forma global, son las obligaciones que tiene la empresa y, de forma específica, se compone de.
  - Pasivo propiamente dicho, que recoge las deudas u obligaciones para con terceros (entidades de crédito, acreedores, Administraciones Públicas, etcétera).
  - Patrimonio neto, reflejando las deudas u obligaciones para con los propietarios de la empresa.

También se ha definido la relación que existe entre ellos, de forma que:

PATRIMONIO NETO = BIENES + DERECHOS – OBLIGACIONES

Matizando que, en el mundo de la contabilidad, al hablar de obligaciones de forma genérica, se está refiriendo a deudas con terceros y que estas constituyen lo que se ha definido como pasivo, se tiene que:

OBLIGACIONES = PASIVO

Y, según lo estudiado anteriormente:

ACTIVO = BIENES + DERECHOS

Llegados a este punto, se sustituyen estos conceptos en la primera ecuación, obteniendo:

PATRIMONIO NETO = ACTIVO - PASIVO

Finalmente, ordenando los conceptos, se obtiene que:

ACTIVO = PATRIMONIO NETO + PASIVO

Esta es la que se conoce como **ecuación fundamental de la contabilidad.**

Sabiendo a su vez que el pasivo, entendido de forma global, incluye las deudas con terceros (lo que habitualmente se llama pasivo) y con los propietarios (patrimonio neto), se puede afirmar que:

ACTIVO = PASIVO

Este resultado final viene a decir que toda adquisición de la empresa de medios productivos tiene como contrapartida la utilización de unos medios financieros por el mismo valor, estableciendo un perfecto equilibrio patrimonial.

Recuerde

Al hablar de pasivo, generalmente se está refiriendo a las deudas y obligaciones con terceros, aunque no se debe olvidar que, en sentido global, el concepto pasivo también incluye las deudas y obligaciones con los propietarios, es decir, el patrimonio neto.

Este equilibrio patrimonial se mantendrá cualesquiera que sean las operaciones que la empresa lleve a cabo, es decir, el activo siempre será igual al pasivo, si bien la situación del patrimonio neto irá variando en función de la buena marcha del negocio, la realización de nuevas aportaciones de dinero de los socios, la realización de inversiones, etcétera.

Ejemplo

Piénsese qué efecto tendría en el patrimonio neto y el equilibrio patrimonial un aumento en los activos. Podrían darse algunas situaciones como las siguientes:

1. Se realiza una inversión en maquinaria (aumentan los activos), para la cual se pide un préstamo a un banco (es una obligación, incrementa el pasivo). En este caso, se mantiene el equilibrio patrimonial (aumentan el activo y el pasivo) y el patrimonio neto no varía (la operación expuesta no le afecta).
2. Se realiza una venta, con lo cual se incrementan los derechos de cobro (aumenta el activo) y mejoran los resultados de la empresa, lo que supone un incremento en el patrimonio neto. Sin embargo, al aumentar el activo y el patrimonio neto en la misma cuantía, sigue manteniéndose el equilibrio patrimonial.

Se podría igualmente pensar en disminuir el activo o considerar variaciones del pasivo y ver sus consecuencias razonando de la misma manera.

Dentro de este equilibrio, en función de la proporción que exista entre las masas patrimoniales, es posible encontrarse algunas situaciones como las siguientes:

- **Situación normal:** el activo no corriente está financiado por los fondos propios y ajenos a largo plazo, es decir, por el pasivo no corriente.
- **Situación de liquidez:** el activo corriente es igual o mayor que el pasivo corriente.
- **Situación de insolvencia:** las deudas contraídas con terceros son mayores que el valor contable de los activos.
- **Situación de estabilidad:** el activo está financiado con fondos o recursos propios y la empresa no tiene deudas.

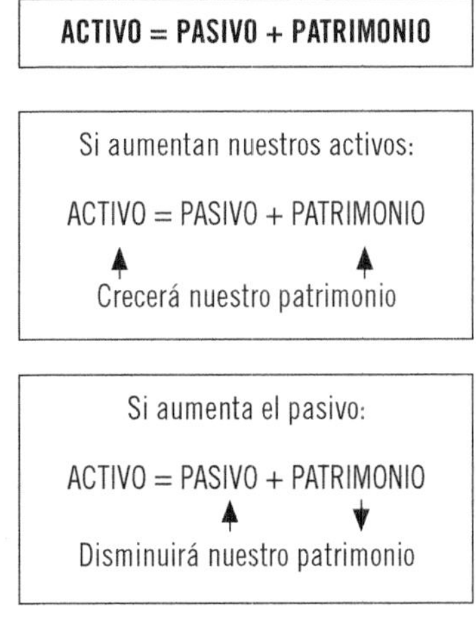

Situaciones genéricas que varían el patrimonio

Estas variaciones en las masas patrimoniales hacen que la situación patrimonial en la que se encuentre una empresa pueda ser de tres tipos, dependiendo de la relación existente entre su activo y su pasivo:

Positiva

Cuando el activo es mayor que el pasivo, habiendo así un patrimonio neto positivo.

SITUACIÓN PATRIMONIAL POSITIVA			
ACTIVO		**PASIVO**	
Maquinaria	6.000,00	Capital	3.000,00
Deudores	2.500,00	Resultados	1.500,00
Bancos	1.000,00	Acreedores	5.000,00
TOTAL	9.500,00	TOTAL	9.500,00

En este caso, se ve cómo el activo (9.500,00 €) es mayor que el pasivo (acreedores, 5.000,00 €), habiendo un patrimonio de 4.500,00 € (capital + resultados).

Recuerde

El activo son los bienes y derechos de que dispone la empresa. El pasivo, entendido de forma global, son las obligaciones que tiene la empresa y, de forma específica, se compone de pasivo propiamente dicho y patrimonio neto.

Negativa

Cuando el activo es menor que el pasivo, generándose de este modo un patrimonio neto negativo.

SITUACIÓN PATRIMONIAL POSITIVA			
ACTIVO		**PASIVO**	
Maquinaria	2.000,00	Capital	1.500,00
Deudores	1.500,00	Resultados	-2.200,00
Bancos	800,00	Acreedores	5.000,00
TOTAL	4.300,00	TOTAL	4.300,00

Aquí, se puede observar como claramente el activo (4.300,00 €) es inferior al pasivo (acreedores, 5.000,00 €), habiendo finalmente un patrimonio neto negativo (capital y resultados, 1.500,00 – 2.200 = – 700 €).

Nula

Cuando el activo y el pasivo son iguales.

SITUACIÓN PATRIMONIAL NULA			
ACTIVO		**PASIVO**	
Maquinaria	2.000,00	Capital	1.000,00
Deudores	1.500,00	Resultados	-1.000,00
Bancos	800,00	Acreedores	4.300,00
TOTAL	4.300,00	TOTAL	4.300,00

En este caso, el importe del activo es igual al del pasivo (4.300,00 €), obteniéndose un patrimonio neto nulo (capital y resultados, 1.000,00 – 1.000,00 = 0,00 €)

Como se ha aprendido, el balance siempre estará equilibrado, por lo que las situaciones patrimoniales dependerán esencialmente de la estructura del pasivo.

Importante

El activo siempre será igual al pasivo, si bien la situación del patrimonio neto irá variando en función de la buena marcha del negocio, la realización de nuevas aportaciones de dinero de los socios, la realización de inversiones, etcétera.

3.3. Estructura del balance de situación

El balance de situación es uno de los informes contables que integran las cuentas anuales de la empresa, en el que se representa la situación patrimonial, económica y financiera en un momento dado, siguiendo unos determinados criterios de ordenación, el patrimonio de la empresa, es decir, sus medios económicos y financieros, organizados según las masas patrimoniales que se han estudiado.

Nota

Se trata de un informe puntual, para un momento determinado del tiempo, no para un espacio o periodo temporal.

La elaboración del balance de situación se constituye como uno de los principales objetivos de la contabilidad, ya que permitirá ver la situación patrimonial de la empresa en la marcha de su actividad económica.

Debido a su relevancia, es muy importante que se entienda como se muestra esta información en el balance de situación, permitiendo una rápida comprensión de la composición de la empresa para así poder sacar las oportunas conclusiones.

De ahí que, siguiendo las normas que regulan la contabilidad, se puedan expresar las siguientes consideraciones:

- Como ya se ha visto, un balance de situación siempre estará en equilibrio, es decir, su activo y su pasivo serán iguales (en términos de valoración).
- El activo se representa en la parte izquierda del balance, mientras que su pasivo (con terceros y patrimonio neto) a la derecha.

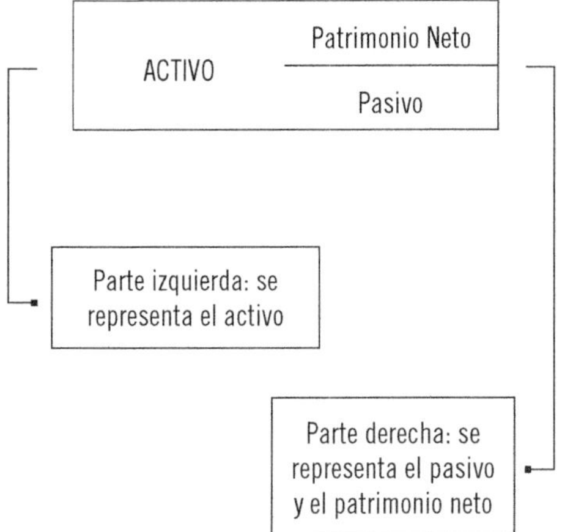

Lugar de representación del activo y del pasivo en balance de situación

El activo se ordenará en función de la liquidez de sus partidas, entendiendo como liquidez la facilidad que se tiene para poder convertir ese activo en dinero. De este modo, el activo más líquido sería la tesorería (caja y bancos, que son dinero líquido, en efectivo), mientras que los menos líquidos serían los inmovilizados. En el balance de situación, el activo se ordenará verticalmente, de menor a mayor liquidez, dividiéndose en dos: activo no corriente y activo corriente. De este modo, en la parte superior se encontrarán los menos líquidos (activos no corrientes) y en la parte inferior los más líquidos (activos corrientes).

Por su parte, el pasivo se ordenará en función de su exigibilidad, entiendo esta como el mayor o menor plazo que tiene la empresa para atender la deuda. Así, los pasivos más exigibles serían los acreedores a corto plazo, mientras que los menos exigibles serían las deudas para con los propietarios de la empresa, es decir, el capital. En el balance de situación, el pasivo se ordena verticalmente de menor a mayor exigibilidad y se subdivide en cuatro masas: fondos propios, créditos a largo plazo, créditos a corto plazo y acreedores y deudores, estando así en la parte superior los pasivos menos exigibles (pasivos no corrientes) y en la parte inferior los más exigibles (pasivos corrientes).

Estructura del balance

Sabía que...

El valor del activo es igual al del pasivo. El activo se sitúa a la izquierda del balance y el pasivo a la derecha. El activo se ordena verticalmente de menor a mayor liquidez. El pasivo se ordena verticalmente de menor a mayor exigibilidad.

Es muy común también encontrar el balance en forma lineal, es decir, en una sola columna, en la que en la parte superior estará el activo, ordenado de menor a mayor liquidez, y, a continuación, debajo, el pasivo, ordenado de menor a mayor exigibilidad.

A la hora de elaborar el balance de situación, el Plan General de Contabilidad establece una serie de normas que se deben tener en cuenta. A continuación, se mencionan las más importantes:

- Al realizar el balance, deben incluirse las cifras del ejercicio económico para el que se está realizando y también las del ejercicio anterior, a efectos de ofrecer datos comparativos.
- No se incluirán en el balance las partidas que no tengan ningún valor ni en el ejercicio económico para el que se realiza ni en el anterior.

- Podrán añadirse nuevas partidas a las contempladas en los modelos oficiales si el contenido que se quiere reflejar no está ya contemplado en las existentes.
- Podrán hacerse subdivisiones más detalladas a las existentes en los modelos oficiales si se estima que con ellas se ofrece una imagen más clara de la situación patrimonial de la empresa.

Sabía que...

La elaboración del balance de situación se constituye como uno de los principales objetivos de la contabilidad, ya que permitirá ver la situación patrimonial de la empresa en la marcha de su actividad económica.

A) ACTIVO NO CORRIENTE	Ejercicio 20XX	Ejercicio 20XX-1	**A) PATRIMONIO NETO**	Ejercicio 20XX	Ejercicio 20XX-1
I. Inmovilizado Intangible			A-1) Fondos propios		
II. Inmovilizado material			I. Capital		
III. Inversiones inmobiliarias			1. Capital escriturado		
IV. Inversiones en empresas del grupo y asociadas a largo plazo			2. (Capital no exigido)		
V. Inversiones financieras a largo plazo			II. Prima de emisión		
VI. Activos por impuesto diferido			III. Reservas		
			IV. (Acciones y participaciones en patrimonio propias)		
B) ACTIVO CORRIENTE			V. Resultados de ejercicios anteriores		
I. Activos no corrientes mantenidos para la venta			VI. Otras aportaciones de socios		
II. Existencias			VII. Resultado del ejercicio		
III. Deudores comerciales y otras cuentas a cobrar			VIII. (Dividendo a cuenta)		
1. Clientes por ventas y prestaciones de servicios			IX. Otros instrumentos de patrimonio neto		
2. Accionistas (socios) por desembolsos exigidos			A-2) Ajustes por cambios de valor		
3. Otros deudores			A-3) Subvenciones, donaciones y legados recibidos		
IV. Inversiones en empesas del grupo y asociadas a corto plazo			**B) PASIVO NO CORRIENTE**		
V. Inversiones financieras a corto plazo			I. Provisiones a largo plazo		
VI. Periodificaciones a corto plazo			II. Deudas a largo plazo		
VII. Efectivo y otros activos líquidos equivalentes			1. Deudas con entidades de crédito		
			2. Acreedores por arrendamiento financiero		
			3. Otras deudas a largo plazo		
			III. Deudas con empresas del grupo y asociadas a largo plazo		
			IV. Pasivos por impuesto diferido		
			V. Periodificaciones a largo plazo		
			C) PASIVO CORRIENTE		
			I. Pasivos vinculados con activos no corrientes mantenidos para la venta		
			II. Provisiones a corto plazo		
			III. Deudas a corto plazo		
			1. Deudas con entidades de crédito		
			2. Acreedores por arrendamiento financiero		
			3. Otras deudas a corto plazo		
			IV. Deudas con empresas del grupo y asociadas a corto plazo		
			V. Acreedores comerciales y otras cuentas a pagar		
			1. Proveedores		
			2. Otros acreedores		
			VI. Periodificaciones a corto plazo		
TOTAL ACTIVO (A+B)			**TOTAL PATRIMONIO NETO Y PASIVO (A+B+C)**		

Modelo abreviado del Balance de situación según el PGC

Aplicación práctica

El patrimonio de una empresa está formado por los siguientes elementos:

- Un edificio valorado en 7.000,00 €.
- Un préstamo con el banco, que deberá empezar a pagar en dos años, por importe de 4.760,00 €.
- 60 € en la caja.
- Vehículos por importe de 2.000,00 €.
- 800 € en el banco
- Aportaciones de los socios: 5.000,00 €.

Además, le deben sus clientes 900 €, mientras que tiene que pagar a sus proveedores 1.000,00 €.

¿Podría usted construir el balance de situación de la empresa, representando cada uno de sus bienes en sus correspondientes masas patrimoniales y organizados según establecen las normas contables?

SOLUCIÓN

ACTIVO		PASIVO Y PATRIMONIO NETO	
Activo no corriente		*Patrimonio neto*	
Edificios	7.000,00	Capital	5.000,00
Vehículos	2.000,00		
		Pasivo no corriente	
Activo corriente		Deudas a entidades crédito	4.760,00
Clientes	900,00		
Bancos	800,00	*Pasivo corriente*	
Caja	60,00	Proveedores	1.000,00
TOTAL	10.760,00	TOTAL	10.760,00

Balance de situación

3.4. Diferencias entre inventario y balance de situación

Como se ha ido viendo a lo largo de este capítulo, inventario y balance de situación son dos tipos de informes que reflejan la situación patrimonial de la empresa en un momento determinado del tiempo. Ambos informes coinciden así en finalidad, función e incluso estructura, y es por ello por lo que el inventario recibe a veces el nombre de balance extracontable.

Pero existe una diferencia principal entre ellos: el proceso seguido para la elaboración de ambos.

Mientras el inventario o balance extracontable se genera a través del proceso de inventariado (identificación, recuento, medición y valoración), el balance de situación es la síntesis informativa del proceso contable, en el que se identifican los hechos contables y se registran los asientos pertinentes, cuyo resumen genera la imagen que la empresa muestra a través de este balance de situación. Es un proceso mucho más complejo, que se analizará en detalle más adelante.

Cabría preguntarse el porqué de realizar entonces los inventarios, si tienen la misma finalidad que el balance. La respuesta es que el inventario se usa como medio de comprobación del balance. Realizando el inventariado de los elementos patrimoniales, podrán compararse con los mostrados en el balance de situación, permitiendo así la realización de asientos contables de ajustes, corrigiendo valores inadecuados en la contabilidad o incluyendo elementos no contemplados en ella, adecuándola así a la realidad de la empresa.

Consejo

Cualquier empresa debería realizar un inventario al menos una vez al año, para hacer la oportuna comprobación con los valores mostrados en su contabilidad.

4. Resumen

Definido el concepto de patrimonio como el conjunto de bienes, derechos y obligaciones, valorados, afectos a la actividad empresarial y que pertenecen a la empresa, se han agrupado en masas patrimoniales siguiendo un criterio de homogeneidad en sus características y comportamientos.

De este modo, se ha visto que los bienes y derechos constituyen el activo de la empresa, representando su estructura económica, es decir, aquello que la empresa necesita para poder funcionar. Por otro lado, las obligaciones constituyen el pasivo y pueden ser para con terceros (lo que habitualmente se conoce como pasivo) o con los propietarios, que constituye lo que se conoce como patrimonio neto (que representa el valor objetivo de la empresa en un momento determinado). El pasivo constituye la estructura financiera de la empresa, es decir, la procedencia de los fondos que esta tiene invertidos en su estructura económica.

Según estos conceptos y las relaciones entre ellos, se ha observado que el patrimonio siempre está en equilibrio, de modo que el valor de su activo es igual al de su pasivo (con terceros y propietarios), obteniéndose así la ecuación fundamental de la contabilidad:

ACTIVO = PATRIMONIO NETO + PASIVO

Una mayor agrupación y organización de los elementos patrimoniales de la empresa según las normativas que regulan la realización de la contabilidad, ha llevado a conocer el balance de situación, uno de los informes contables fundamentales y parte integrante de las cuentas anuales de una empresa.

El inventario se consolida como medio de comprobación de la información mostrada en el balance.

Ejercicios de repaso y autoevaluación

1. Complete las siguientes oraciones.

El patrimonio, desde un punto de vista contable, es el conjunto de ______, ______ y ______ que, bajo la titularidad de la empresa, están afectos a su ______ económica y son susceptibles de ______ económica.

Las masas patrimoniales son ______ de ______ patrimoniales homogéneos y organizados y que tienen la misma funcionalidad económica y financiera. Las tres grandes masas patrimoniales son el ______, el ______ y el ______ neto.

2. Las grandes masas patrimoniales son:

a. Bienes y obligaciones.
b. Activo corriente, pasivo corriente y patrimonio neto.
c. Activo, pasivo y patrimonio neto.
d. Todas las cuentas contables se consideran masas patrimoniales.

3. El equilibrio patrimonial...

a. ... se da en las empresas solventes y con una gestión adecuada.
b. ... suele alcanzarse al año de actividad económica.
c. ... se expresa mediante la relación: patrimonio neto = activo + pasivo.
d. ... refleja la equivalencia existente entre los medios de producción y las fuentes de financiación de una empresa.

4. Señale la respuesta incorrecta. Pertenecen al activo de una empresa...

a. ... el mobiliario.
b. ... las aportaciones de los socios.
c. ... las deudas de los clientes a favor.
d. ... el dinero depositado en la cuenta corriente.

5. Señale la respuesta incorrecta. Pertenecen al pasivo y patrimonio neto de una empresa...

a. ... las deudas que la Administración Pública tenga con ella.
b. ... las subvenciones recibidas.
c. ... los préstamos que el banco le ha dado y que están pendientes de pago.
d. ... los pagos pendientes a proveedores.

6. De las siguientes frases, indique cuál es verdadera o falsa.

a. Las obligaciones se registran en el activo de la empresa.

- ☐ Verdadero
- ☐ Falso

b. El activo se divide en activo corriente y activo no corriente.

- ☐ Verdadero
- ☐ Falso

c. El capital corriente y el patrimonio neto son esencialmente el mismo concepto.

- ☐ Verdadero
- ☐ Falso

d. Una empresa siempre mantendrá el equilibrio patrimonial, aunque la situación de su patrimonio neto puede variar.

- ☐ Verdadero
- ☐ Falso

e. En un balance de situación, el activo se sitúa en su parte izquierda, ordenado verticalmente de mayor a menor liquidez.

- ☐ Verdadero
- ☐ Falso

f. El inventario y el balance de situación son exactamente el mismo documento.

- ☐ Verdadero
- ☐ Falso

7. **Relacione los siguientes elementos, teniendo en cuenta que más de una opción puede ir en la misma respuesta.**

   a. Derechos de cobro.
   b. Capital.
   c. Bancos.
   d. Préstamos.
   e. Deudas con proveedores.
   f. Resultado de la empresa.
   g. Existencias.

   __ ACTIVO
   __ PASIVO
   __ PATRIMONIO NETO

8. **Enuncie la ecuación fundamental de la contabilidad.**

   ____
   ____

9. **Describa los pasos para la obtención de un inventario.**

   ____
   ____
   ____
   ____

10. **Defina los conceptos "activo", "pasivo" y "patrimonio neto".**

   ____
   ____
   ____
   ____
   ____
   ____
   ____

Capítulo 3

Registros contables de la actividad empresarial

Contenido

1. Introducción

En este punto, ya se conoce lo que es una empresa y los distintos elementos que la componen. Se han clasificado siguiendo criterios de homogeneidad en su naturaleza y comportamiento, teniendo así una primera aproximación de la visión de la empresa en un momento del tiempo determinado.

Se ha comentado el hecho de que puede haber un mayor o menor grado de agrupación de los elementos patrimoniales, permitiendo una información más genérica o profundizando en el detalle de su composición, mostrando así distintas perspectivas de una misma realidad.

Estos elementos patrimoniales están sujetos a movimientos, cambios y transacciones que harán variar y modificar sus valores, su posición jurídica respecto a la persona o empresa que se quiere conocer y controlar su situación, lo que hace necesario establecer un sistema que permita, dentro de unos estándares que sean entendidos por todos, conocer cómo evolucionan y en qué situación se encuentran en un determinado momento estos elementos patrimoniales.

De ahí que la contabilidad establezca un sistema que permite conocer tanto su situación como sus movimientos históricos y la elaboración de una serie de informes para poder evaluar e incluso comparar en el tiempo el estado de la empresa.

2. El instrumento de representación contable: teoría de las cuentas

Con el objetivo de poder hacer un seguimiento de los movimientos y alteraciones de los elementos que integran el patrimonio de una empresa, la contabilidad utiliza lo que se conoce como **cuentas contables.**

Una cuenta es un elemento conceptual que sirve como representación y medida, a lo largo del tiempo, de un elemento patrimonial o grupo de ellos con características homogéneas.

Ya que será un concepto que se use continuamente, conviene explicar en detalle cada uno de sus matices para conseguir tener un completo entendimiento:

- Es un elemento conceptual, lo que quiere decir que realmente no es nada físico, sino un sistema de registro valorativo que agrupa el conjunto de operaciones en las que un elemento patrimonial está inmerso.
- Sirve como representación, es decir, será la manera en la que la contabilidad y los informes obtenidos de ella muestren los elementos de los que dispone.
- Sirve de medida, lo que implica un modo de medición, que necesariamente ha de ser homogéneo para los distintos elementos que pudieran incluirse en cada cuenta, así como se entiende la necesidad de que también sea un modo de medición que permita una homogeneización con los restantes elementos de otras cuentas, a fin de poder ofrecer una información integrada de la empresa. Esta medición será por lo tanto la valoración económica que se haga de ellos.
- Sirve a lo largo del tiempo, lo que viene a decir que, partiendo de su valor inicial, en ella se contemplarán todos los movimientos de los elementos, permitiendo tener un registro histórico.

Nota

La contabilidad se sirve de las cuentas para representar los valores y variaciones de los elementos que componen su patrimonio.

Visto lo anterior, es posible establecer que las cuentas tienen dos funciones principales:

- Clasificación de los elementos patrimoniales, permitiéndose a la vez agrupación de estas (por ejemplo las cuentas de "cuenta corriente en euros" y "cuenta corriente en dólares" se pueden agrupar en la de "bancos") o un mayor desglose si es requerido.

- Control del patrimonio, ya que en ellas se muestra tanto el valor inicial como cada uno de los movimientos o alteraciones que se producen en los elementos que la componen, permitiendo así:
  - Realizar un análisis histórico de ellos.
  - Realizar estimaciones futuras de su evolución.

Ejemplo

Imagínese un cliente al que se le venden mercancías por valor de 5.000,00 €, pagando 1.000,00 € al contado y aplazando lo restante en dos cobros iguales de 2.000 €, uno a los 3 meses y otro a los 6. Cobrado todo, se le hace una nueva venta por valor de 1.500,00 € que paga en el momento.

La cuenta del cliente registraría las siguientes operaciones:

Primera venta	+ 5.000,00 €.
Cobro al contado	- 1.000,00 €.
Resto (pendiente cobrar)	+ 4.000,00 €.
Cobro a los 3 meses	- 2.000,00 €.
Cobro a los 6 meses	- 2.000,00 €.
Resto (pendiente cobrar)	0,00 €.
Segunda venta	+ 1.500,00 €.
Cobro al contado	- 1.500,00 €.
Resto (pendiente cobrar)	0,00 €.

Puede verse que la cuenta muestra la secuencia de movimientos que se van produciendo a lo largo del tiempo, de modo que, al verla, es posible entender qué es lo que ha sucedido para ese elemento patrimonial en cuestión.

Las cuentas se representan de forma esquemática en forma de T, dividiendo de esta manera las operaciones que irán al DEBE (y que se anotarán en la parte izquierda de la T) y las que irán al HABER (que se anotarán en la parte derecha).

Nota

El debe y el haber serán, por lo tanto, parte izquierda y derecha, respectivamente, de la representación gráfica de una cuenta.

Sería de la siguiente manera:

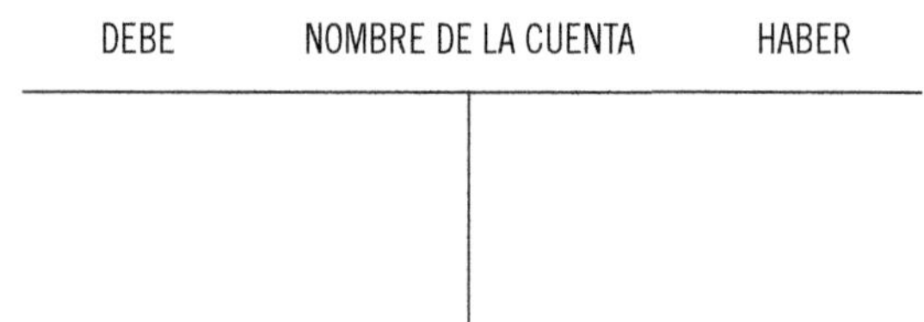

En el debe se anotarán esencialmente las siguientes operaciones:

- Incrementos en las cuentas de activo (que, como se ha visto, son aquellas que representan los bienes y derechos).
- Disminuciones en las cuentas de pasivo (que representan las obligaciones).

En su contra, en el haber se registrarán:

- Incrementos en las cuentas de pasivo.
- Disminuciones en las cuentas de activo.

Podría sintetizarse esta operativa en el siguiente cuadro.

Cuentas	**Situación inicial**	**Movimientos**	
		Aumentos	**Disminuciones**
De activo	Debe	Debe	Haber
De pasivo	Haber	Haber	Debe

Movimiento de las cuentas

Aplicación práctica

Represente el ejemplo anterior sobre el cliente al que se le vendían mercancías por valor de 5.000,00 y 1.500,00 €, con sus pagos correspondientes según se indicó, en el formato esquematizado de cuenta contable.

SOLUCIÓN

En primer lugar, lo que se debe hacer es analizar la cuenta que se quiere representar para así poder anotar sus respectivos movimientos en la parte de la cuenta (debe o haber) que le corresponda.

La cuenta de clientes es una cuenta de activo, ya que representa un derecho de cobro que se tiene al haber vendido mercancías.

De esta manera, se sabe que su situación inicial será el debe, que sus incrementos irán al debe y sus disminuciones al haber.

En resumen, quedaría de la siguiente manera:

DEBE	CLIENTES	HABER
		1.000,00 (primer pago, contado)
5.000,00 (primera venta)		2.000,00 (segundo pago, 3 meses)
1.500,00 (segunda venta)		2.000,00 (tercer pago, 6 meses)
		1.500,00 (pago segunda venta)

Al realizar las ventas, se incrementan los derechos de cobro (el activo), con lo cual la anotación se hace en el debe.

Los pagos que se van realizando suponen disminución de estos derechos de cobro, en tanto que el cliente va saldando la deuda que tiene, con lo cual se registran en el haber.

A pesar de que en el mundo contable la representación de las cuentas en forma de T es algo plenamente aceptado, se debe hacer mención a que los programas informáticos, al solicitarles el detalle de una cuenta, no la muestran de esta manera, es decir, en forma de T, colocando las operaciones del debe en su parte izquierda y las del haber en su parte derecha.

Recuerde

En el debe se anotarán incrementos en las cuentas de activo y disminuciones en las cuentas de pasivo. En el haber se registrarán incrementos en las cuentas de pasivo y disminuciones en las cuentas de activo.

Los programas contables suelen mostrar los movimientos de una cuenta principalmente en dos formatos:

1. En forma de lista, verticalmente y por orden cronológico, considerando como positivas las anotaciones realizadas en el debe y como negativas las registradas en el haber. En el ejemplo anterior, la cuenta de clientes sería como en la siguiente imagen:

Fecha	Concepto	Importe
01/05/20XX	Venta de mercancías	5.000,00
01/05/20XX	Pago parcial al contado de Venta 1	-1.000,00
01/08/20XX	Pago parcial aplazado de Venta 1	-2.000,00
01/11/20XX	Pago parcial aplazado de Venta 1	-2.000,00
05/12/20XX	Venta 2 de mercancías	1.500,00
05/12/20XX	Pago contado de Venta 2	-1.500,00

2. En forma de lista, verticalmente y por orden cronológico, pero diferenciando una columna para las operaciones registradas en el debe (que se pone a la izquierda) y otra para las de haber (a la derecha). En el ejemplo anterior, la cuenta de clientes sería como en la siguiente imagen:

Fecha	Concepto	Debe	Haber
01/05/20XX	Venta 1 de mercancías	5.000,00	
01/05/20XX	Pago parcial al contado de Venta 1		1.000,00
01/08/20XX	Pago parcial aplazado de Venta 1		2.000,00
01/11/20XX	Pago parcial aplazado de Venta 1		2.000,00
05/12/20XX	Venta 2 de mercancías	1.500,00	
05/12/20XX	Pago contado de Venta 2		1.500,00

Esto es importante, ya que hay que saber interpretar siempre la información que se recibe.

2.1. Conceptos de cargo, abono y saldo

A la hora de realizar operaciones con las cuentas, existe una terminología que es usada de forma general. Es necesario familiarizarse con estos términos y así poder empezar a hablar con propiedad dentro del mundo de la contabilidad.

De esta manera, se entiende:

Cargar

Cargar, adeudar o debitar es registrar una operación en el debe de una cuenta.

Ejemplo

Si se carga una operación de 500 € en la cuenta de bancos, se tendría:

DEBE	BANCOS	HABER
500		

Abonar

Abonar o acreditar es registrar una operación en el haber de una cuenta.

Ejemplo

Si, sobre el caso anterior, se abonan 200 € de la misma cuenta de bancos, se tendría:

DEBE	BANCOS	HABER
500		200

Saldo

Diferencia entre la suma de los valores registrados en el debe y la suma de los valores registrados en el haber, pudiendo ser este:

- **Saldo deudor:** cuando la suma de las cantidades del debe es mayor a la suma de las cantidades del haber.
- **Saldo acreedor:** cuando la suma de las cantidades del debe es menor que la suma de las cantidades del haber.
- **Saldo cero o nulo:** cuando ambas cantidades son iguales.

Ejemplo

En el caso del banco que se está tratando, la cuenta presentaría un saldo deudor de 300 €, ya que:

- Suma de cantidades registradas al debe = 500 €.
- Suma de cantidades registradas al haber = 200 €.
- Debe – Haber = 500 – 200 = 300 €.

Puede verse que el saldo lo hallará mediante la diferencia DEBE – HABER, por lo que, atendiendo a las definiciones expuestas, la primera intuición será que los saldos deudores se representan con signo positivo (al ser el debe mayor que el haber) y los saldos acreedores con signo negativo.

Recuerde

Cargar es hacer anotaciones en el debe de una cuenta y abonar es hacer anotaciones en el haber.

Aunque también hay que tener en cuenta que, al tener las cuentas de pasivo una naturaleza acreedora (nacen y crecen en el haber, anotándose sus disminuciones en el debe), también es habitual encontrar que su saldo se halle considerando en primer lugar el importe que inicialmente debe ser mayor, el haber, obteniéndolo en este caso mediante la diferencia HABER - DEBE.

Nota

Será la experiencia y el conocimiento de los medios y programas con los que se trate la información la que hará saber qué método se usa en un momento determinado para informar acerca del saldo de una cuenta.

Saldar

Efectuar una anotación en la cuenta de modo que su saldo sea cero. De este modo, las cuentas se saldan de la siguiente manera:

- Si tienen saldo deudor, realizando una anotación en el haber por el mismo importe de ese saldo.
- Si tienen saldo acreedor, realizando una anotación en el debe por el mismo importe del saldo.

Ejemplo

Siguiendo con el ejemplo anterior de la cuenta de bancos, esta se saldaría de la siguiente manera:

DEBE	BANCOS	HABER
500		200
Saldo deudor 300		
		* 300
Total apuntes debe 500		Total apuntes haber 500

** Apunte para saldar la cuenta*

Saldo = Debe – Haber = 500 – (200 + 300) = 0

NOMBRE DE LA CUENTA	
El lado izquierdo de la cuenta se llama Debe y realizar una anotación, cargar	El lado derecho de la cuenta se llama Haber y realizar una anotación, abonar
Cuando el saldo de la cuenta queda del lado izquierdo se le llama deudor	Cuando el saldo de la cuenta queda del lado derecho se le llama acreedor

Aplicación práctica

Un amigo que trabaja en un departamento cercano al de contabilidad, pero que no tiene nada que ver con este, le comenta que lleva varias semanas oyendo de los contables de su empresa que se están realizando muchos cargos en las cuentas de proveedores. No le suena bien eso de "cargos" y pregunta si es algo de lo que deba preocuparse. Le gusta su trabajo y no le gustaría tener que cambiar. ¿Puede usted ayudarle?

SOLUCIÓN

La cuenta de proveedores es una cuenta que recoge la obligación de pagarles las deudas contraídas con ellos por los bienes y/o servicios que se les han adquirido. Por ello, se trata de una cuenta de pasivo.

Se acaba de explicar que cargar una cuenta es anotar en el debe y, para las cuentas de pasivo en particular, las anotaciones en el debe reflejan disminuciones de la cuenta en cuestión.

¿Qué quiere decir esto exactamente? Que los cargos en las cuentas de proveedores suponen disminuciones de estas, es decir, disminuciones en las obligaciones que se tienen contraídas con ellos. Esto es así porque se están emitiendo pagos a los proveedores (que hace que la deuda baje o se anule, extinguiéndose la obligación).

En conclusión, la empresa tiene la capacidad financiera para estar haciendo frente a las deudas que tiene, lo que es un indicio de la buena marcha de esta. Puede tranquilizar con esto a su amigo.

2.2. Cuentas de activo-pasivo

Como se ha visto, las cuentas de activo y pasivo representan los bienes, derechos y obligaciones con terceros de que dispone una empresa.

Estas cuentas, debidamente organizadas, mostrarán el balance de situación de la empresa, que es la imagen en un momento dado de la situación patrimonial en la que esta se encuentra y que se muestra a través de los saldos de las cuentas que representan los elementos patrimoniales del activo y el pasivo.

Los movimientos de las cuentas se rigen por lo que se conoce como el **convenio del cargo y abono,** comportándose de la siguiente manera para las cuentas siguientes:

- **Cuentas de activo.**

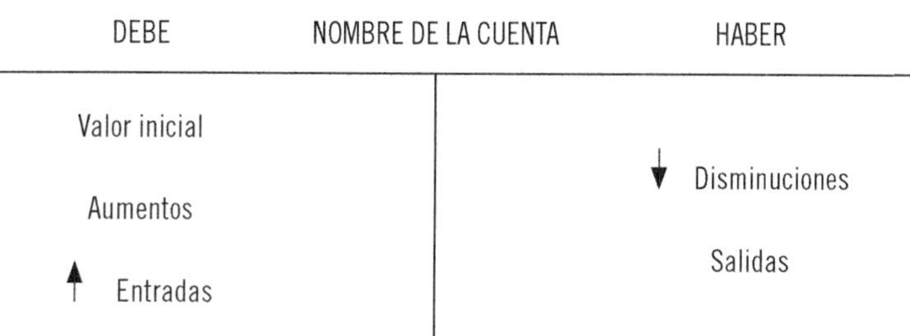

- **Cuentas de pasivo.**

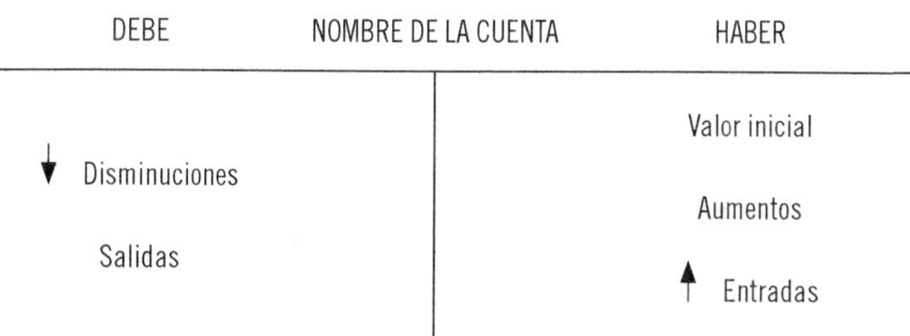

Importante

Antes de comenzar a hacer anotaciones en una cuenta, hay que pararse a pensar e identificar si se trata de una cuenta de activo o pasivo, de modo que se realicen los registros correspondientes de sus movimientos de forma correcta.

Aplicación práctica

Una empresa dispone de 3.000,00 € en productos para venderlos y, como estima que va a haber una importante demanda, realiza una compra por valor de 1.500,00 €. Finalmente, realiza ventas por valor de 4.000,00 €.

Identifique qué masa y elemento patrimonial usaría para registrar estas transacciones, represéntelas en esquema de cuenta, explique el porqué de sus anotaciones e indique su saldo final.

SOLUCIÓN

Los productos que la empresa tiene para la venta son bienes que posee para el desarrollo de su actividad económica, con los que espera poder realizar un beneficio futuro. Por lo tanto, son claramente parte de su activo. La cuenta más adecuada para recoger estos productos es la de existencias.

La representación esquemática en forma de cuenta de las operaciones señaladas sería la siguiente:

DEBE	EXISTENCIAS	HABER
3.000,00 1.500,00		4.000,00
Saldo deudor 500		

Al ser una cuenta de activo, el valor inicial (3.000,00) debe registrarse en el debe, según indica el convenio del cargo y abono. La compra posterior (1.500,00), al suponer un aumento del valor de la cuenta, también se registraría en el debe. En su contra, la venta (4.000,00) supone una disminución del valor de las existencias, con lo cual quedaría reflejada en el haber.

El saldo sería la suma de las cantidades del debe menos las del haber, mostrando el siguiente resultado:

Total debe = 3.000,00 + 1.500,00 = 4.500,00
Total haber = 4.000,00
Saldo = 4.500,00 - 4.000,00 = 500,00 (saldo deudor, debe mayor que el haber).

2.3. Cuentas de gastos e ingresos

Hasta el momento, se han tratado las cuentas de activo y pasivo, reflejando de esta manera la situación patrimonial de la empresa.

Se ha visto también que la diferencia entre el activo y el pasivo es el patrimonio neto, que representa la deuda que la empresa tiene con los socios.

Esta deuda no solo está constituida por el capital que aportan los propietarios en el momento de constituir la empresa, sino que además incluye otras partidas, entre la que destaca el resultado que tiene la compañía.

De esta manera, una buena gestión que provoque un resultado positivo, incrementaría el patrimonio neto, lo que viene a decir que la empresa tiene un mayor valor para los propietarios (la deuda que la empresa tiene con ellos es mayor). En caso contrario, si los resultados son negativos, el valor para los dueños sería menor.

Deducimos de lo anterior que el valor de la empresa para los socios va variando a lo largo del tiempo en función de las operaciones que se vayan realizando.

Nota

Los resultados positivos hacen que el valor de la empresa para sus propietarios sea mayor, mientras que resultados negativos suponen un menor valor del negocio para ellos.

Podría pensarse en primera instancia en la opción de ir modificando la cuenta de capital (que aportan los socios) según se van teniendo resultados positivos o negativos, de modo que esta reflejará la deuda para con ellos.

Pero esto al final no daría una información completa, ya que, pasado el tiempo, no se sabría el importe que realmente se aportó para comenzar el negocio ni si los resultados han sido positivos o negativos.

De ahí que existan una serie de cuentas que recogen los ingresos y los gastos del negocio y, por diferencia, el resultado que se tiene en un periodo de tiempo determinado, generalmente el año, mostrándose este resultado dentro del patrimonio neto de la empresa.

Aparecen de esta manera dos nuevos tipos de cuenta que no muestran directamente el patrimonio de la empresa, sino las operaciones comerciales o de explotación del negocio y que generarán un resultado dentro del periodo temporal que se considere. Son las cuentas de gastos e ingresos, también llamadas **cuentas de gestión.**

Concepto de resultado

Resultados en la empresa

Nota

La optimización del resultado contable obtenido mediante la diferencia entre las cuentas de ingresos y gastos ha sido desde siempre uno de los principales objetivos de los empresarios.

Estas cuentas también se representan esquemáticamente en forma de T, rigiéndose igualmente por el convenio del cargo y abono, según lo siguiente:

- **Cuentas de ingresos.**

DEBE	NOMBRE DE LA CUENTA	HABER
Disminuciones (-)		Valor inicial (+) Aumentos (+)

- **Cuentas de gastos.**

DEBE	NOMBRE DE LA CUENTA	HABER
Valor inicial (+) Aumentos (+)		Disminuciones (-)

El movimiento de las cuentas de ingreso y gasto se puede resumir en el siguiente cuadro:

Cuentas	Situación inicial	Movimientos	
		Aumentos	Disminuciones
De gastos	Debe	Debe	Haber
De ingresos	Haber	Haber	Debe

3. El método de registro contable: la partida doble

Antes de meterse de lleno en la explicación del método de registro contable, es necesario definir y conocer un concepto íntimamente relacionado con él. Se trata del concepto de hecho contable.

3.1. El hecho contable

En el transcurso de la actividad de una empresa, su estructura patrimonial va variando en función de los acontecimientos que se van desarrollando. Estas modificaciones pueden ser alteraciones en la corriente real de la empresa (referida a cambios en los bienes o servicios) o en la corriente económica (referida al flujo financiero de la misma).

Definición

Hecho contable
Aquellos actos o transacciones que, teniendo consecuencias de contenido económico, producen alteraciones patrimoniales en la empresa que deben ser reflejadas en su contabilidad.

Pero previo al registro de un hecho contable, es necesario realizar un análisis de él para poder contabilizarlo de forma correcta. Este análisis comprende las siguientes fases:

- Identificación de los elementos patrimoniales que intervienen en la transacción que genera el hecho contable.
- Adscripción de estos elementos a uno de los tipos de cuentas que considera el convenio del cargo y abono (activo, pasivo, patrimonio neto, ingresos o gastos), para poder reflejar correctamente sus movimientos en la contabilidad.
- Determinación del comportamiento de cada uno de estos elementos: aumento o disminución.

- Valoración de la modificación (en términos monetarios) de cada uno de los elementos.
- Identificados, clasificados y valorados los elementos patrimoniales afectados, aplicación del convenio del cargo y abono, es decir, si procede cargar o abonar la cuenta que los representa.

Aplicación práctica

Supóngase una empresa que usa un dinero en efectivo que tiene en su cuenta bancaria (7.000,00 €) para pagar una letra de un préstamo (3.000,00 €) que debe al banco y el resto para pagar a sus proveedores.

Identifique si la operación anteriormente detallada supone un hecho contable.

En caso de serlo, analice el hecho contable y realice las oportunas anotaciones en sus cuentas.

SOLUCIÓN

La transacción descrita efectivamente supone un hecho contable, ya que supone una variación en el patrimonio de la empresa que la realiza. De hecho, estrictamente hablando, se está ante tres hechos contables, ya que cada operación que supone una alteración, de forma individualizada, es en sí un hecho contable, aunque habitualmente se hace referencia al hecho contable como a la operación conjunta, es decir, a la suma de los hechos contables generados en una misma transacción.

El análisis de los hechos contables es:

Hecho contable	Cuenta	Tipo de cuenta	Variación	Valoración	Operación
Salida de dinero del banco para hacer pagos	Bancos	Activo	Diminución	7.000,00	Abonar
Pagar préstamo al banco	Deudas con entidades de crédito	Pasivo	Disminución	3.000,00	Cargar
Pagar a proveedores	Proveedores	Pasivo	Disminución	4.000,00	Cargar

Continúa en página siguiente >>

<< Viene de página anterior

Las anotaciones en cuenta que se realizarían, según lo anterior, serían:

DEBE	BANCOS	HABER
		7.000,00

DEBE	DEUDAS ENT. CRÉDITO	HABER
3.000,00		

DEBE	PROVEEDORES	HABER
4.000,00		

Importante

La correcta interpretación y análisis de los hechos contables suponen la base principal para una adecuada contabilización de los mismos, posibilitando de ese modo la obtención de una información económico-financiera fiable.

A continuación, se presenta un esquema sobre la incidencia de un **hecho económico** en la empresa:

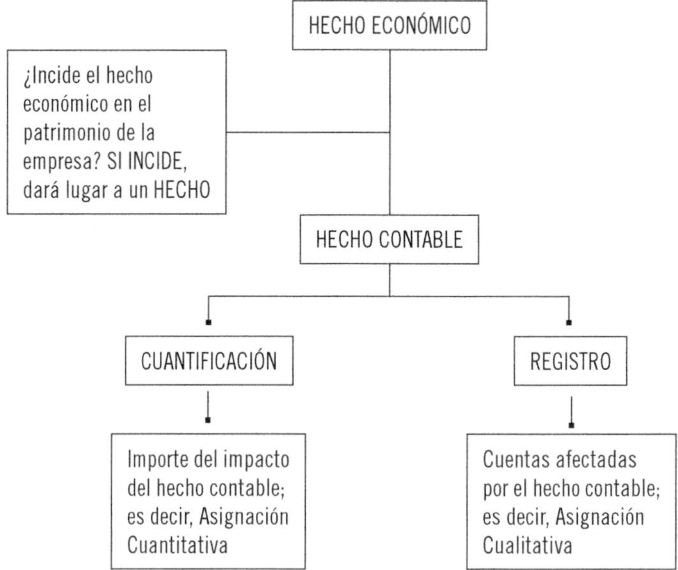

Los hechos contables pueden clasificarse:

- En función al número de elementos patrimoniales que intervengan, teniendo:
  - Hechos contables simples: aquellos acontecimientos en los que solo intervienen dos elementos patrimoniales.
  - Hechos contables compuestos: aquellos en los que intervienen más de dos elementos patrimoniales.

Recuerde

El hecho contable es cualquier transacción económica que genera alteraciones en el patrimonio de la empresa.

- En función de cómo afecten valorativamente a las masas patrimoniales en conjunto:
  - Hechos contables expansivos: aquellos acontecimientos que hacen mayor (en términos valorativos) la estructura económica (activo) y la estructura financiera (pasivo y neto) simultáneamente.
  - Hechos contables reductivos: aquellos que disminuyen (en términos valorativos) la estructura económica y financiera simultáneamente.
  - Hechos contables neutros: aquellos en que, a nivel valorativo, la estructura económica y financiera se mantienen invariables.

- En función de cómo afecten al patrimonio neto de la empresa:
  - Hechos contables modificativos: aquellos que alteran la cuantía y composición del patrimonio neto.
  - Hechos contables permutativos: aquellos que afectan a la composición del patrimonio de la empresa pero sin variar el patrimonio neto, es decir, que afectan a la composición del activo y el pasivo con terceros.

Aplicación práctica

Clasifique el hecho contable de la aplicación práctica anterior (el pago que se hace con el dinero del banco para atender una letra de un préstamo y a los proveedores) según los criterios explicados anteriormente.

SOLUCIÓN

El hecho contable recogido en el ejemplo es:

- Un hecho contable compuesto, pues intervienen más de dos elementos (intervienen tres: bancos, deudas con entidades de crédito y proveedores).
- Un hecho contable reductivo, ya que tanto el activo como el pasivo disminuyen.
- Un hecho contable permutativo, puesto que no afecta al patrimonio neto de la empresa.

3.2. La partida doble

La contabilidad y su evolución técnica han estado ligadas al desarrollo del comercio a lo largo de la historia y la creciente industrialización. Desde los orígenes, los comerciantes han buscado la forma de reflejar y mantener evidencia de sus operaciones mercantiles y los resultados de ellas. De ahí que, en un principio, se registrasen las entradas y salidas tanto de materiales como de dinero, en lo que podría considerarse un método de "partida simple".

Ábaco, un modo simple de contabilidad

A día de hoy, tras muchos años de evolución y dada la creciente complejidad en el mundo de los negocios, esto sería absolutamente insuficiente. El desarrollo que ha experimentado el mundo empresarial ha provocado a su vez la evolución del método de registro contable, aunque, en esencia, el objetivo que se persigue con él es el mismo que entonces.

El método actual para el registro de la contabilidad es el de la partida doble, que se basa en la idea de dividir el patrimonio de la empresa en grupos de elementos patrimoniales homogéneos (bienes, derechos y obligaciones, debidamente adscritos a las masas patrimoniales de activo, pasivo y patrimonio neto, según se ha estudiado) y que están representados a través de cuentas, permitiéndose la representación de las alteraciones patrimoniales derivadas de las actividades comerciales a través de la coordinación de dichas cuentas en un registro informativo unitario denominado asiento contable.

Sabía que...

Los historiadores y arqueólogos han encontrado evidencias de registros contables en las civilizaciones inca, egipcia y romana. Sin embargo, se estima que la partida doble no apareció hasta 1340 en Génova (Italia). Fray Luca Pacioli, una vez descubierta la imprenta, pudo extender sus estudios sobre contabilidad y generalizar este método mediante la publicación en 1494 de su obra Summa de Arithmetica, Geometría, Proportioni e Proportionalita. En ella, Pacioli dedicó treinta y seis capítulos a la descripción de los métodos contables empleados por los principales comerciantes venecianos.

El principio fundamental del método de contabilización por partida doble se basa en que toda anotación o registro contable debe realizarse de forma que se mantenga el equilibrio establecido en la ecuación fundamental de la contabilidad:

Activo = Pasivo + Patrimonio neto

Se entiende que, en todo caso, para respetar la igualdad, se está hablando de mantener el equilibrio a nivel cuantitativo, ya que pueden establecerse modificaciones cualitativas que no modifiquen o afecten a ninguno de los conceptos de esta ecuación.

A nivel práctico, la partida doble viene a decir que, al contabilizar una operación, **todo cargo en una cuenta tiene como contrapartida un abono en otra u otras cuentas, por el mismo importe.** Asimismo, todo abono en una cuenta tendrá como contrapartida un cargo en una o varias cuentas por el mismo valor.

De este modo, en toda operación habrá movimiento de al menos dos cuentas que sufren alteraciones, respetándose en todo caso que la suma de las anotaciones realizadas en el debe será igual a la de las anotaciones realizadas en el haber.

Esto ya se ha podido intuir en el ejercicio expuesto anteriormente del pago que se realizaba con el dinero que se tenía en el banco (7.000 €) para atender la letra del préstamo (3.000 €) y a proveedores (4.000 €). Al realizar las anotaciones en las cuentas correspondientes que este hecho contable producía, puede comprobarse que la suma de las anotaciones realizadas en el debe (3.000 + 4.000) es igual a la de los registros efectuados en el haber (7.000 en bancos), manteniéndose de este modo la ecuación fundamental de la contabilidad.

Recuerde

- La partida doble respeta siempre el equilibrio establecido en la ecuación fundamental de la contabilidad.
- Cada hecho contable genera alteraciones en al menos dos cuentas.
- Todo cargo tiene como contrapartida un abono y viceversa.
- La suma de las anotaciones realizadas en el debe será igual a la de las anotaciones registradas en el haber.

La partida doble, como técnica de registro contable, se fundamenta en los siguientes aspectos:

- **Separación:** entre bienes y derechos (activo) por un lado y conjunto de obligaciones (pasivo y patrimonio neto) por otro.
- **Diferenciación:** en todo hecho contable que se realice, entre el origen o fuente de financiación por un lado y la aplicación o materialización de estas por otro.
- **Reciprocidad:** no hay deudor sin acreedor y viceversa. Esto se basa en el principio básico de que no hay origen sin destino, ni destino sin origen.
- **Correspondencia:** quien recibe es deudor y quien entrega acreedor.
- **Equivalencia:** el total del valor cargado en un hecho contable debe ser igual al total del valor abonado.
- **Consistencia:** todo valor que entra en una cuenta debe salir por la misma cuenta.
- **Confrontabilidad:** las pérdidas se cargan (debe) y las ganancias se abonan (haber).

Consejo

Es interesante pararse a pensar sobre cada uno de los aspectos descritos anteriormente en los que se fundamenta la partida doble, ya que estos suponen la base de la contabilidad, y su completa comprensión permitirá asentar las bases para profundizar en el estudio contable.

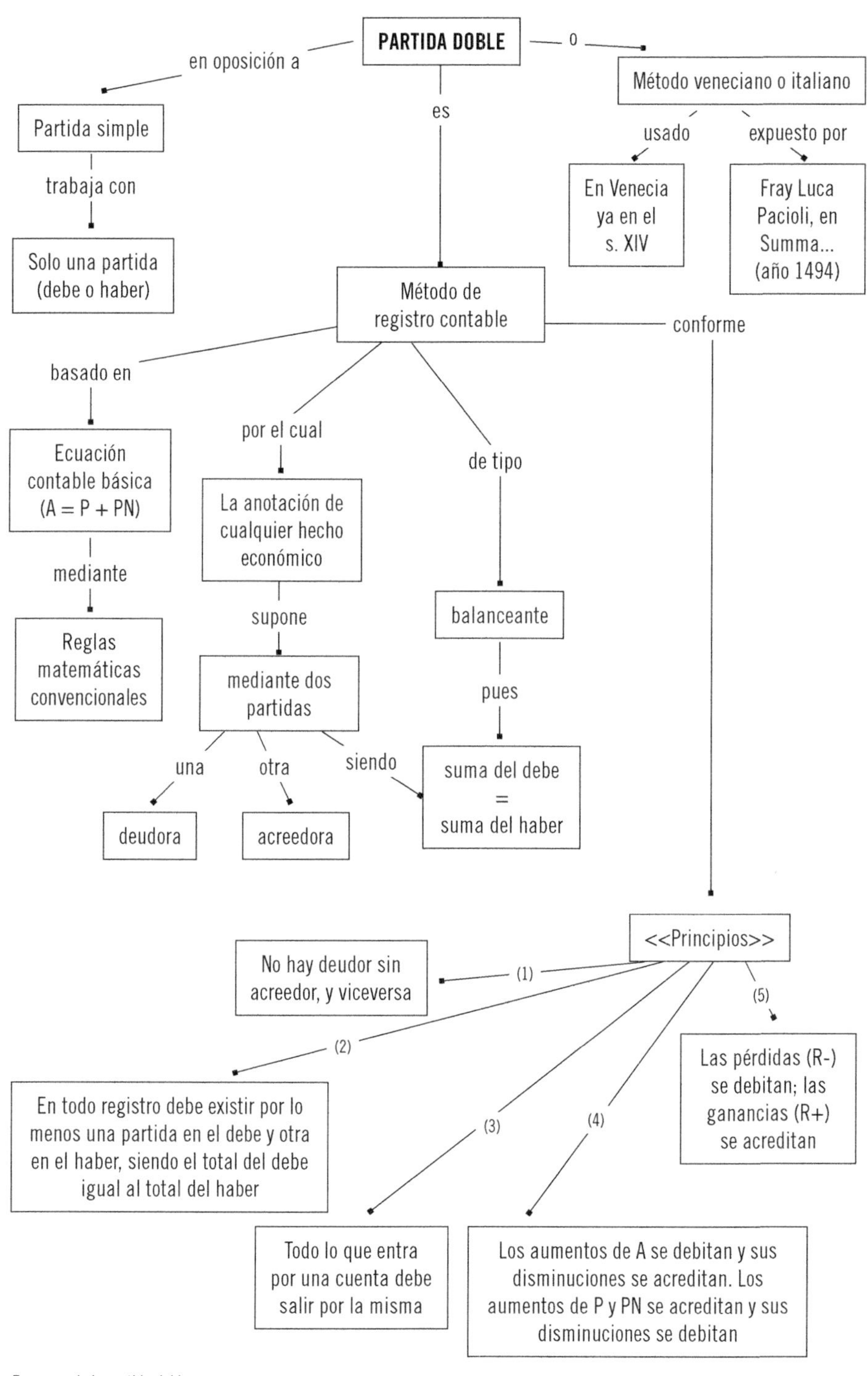

Esquema de la partida doble

3.3. Los asientos contables

Se ha visto que los hechos contables son operaciones que generan alteraciones en el patrimonio de la empresa y, al estar este representado en cuentas, el resultado final del hecho contable es una modificación en las cuentas. Asimismo, se acaba de analizar el método de la partida doble, que dice cómo debe mantenerse la equidad de la ecuación fundamental de la contabilidad, y se ha hecho referencia a que las alteraciones en las cuentas producidas por un hecho contable se representan a través de un registro informativo unitario llamado asiento contable.

Se conoce como **asiento o apunte contable** a cada una de las anotaciones o registros que se realiza en el libro diario de contabilidad de estos hechos contables, a través del uso de las cuentas que los representan.

Recuerde

El libro diario es un libro obligatorio de la contabilidad en el que se registran cronológicamente las operaciones realizadas por la empresa, utilizando los asientos contables como medio para realizar dichas anotaciones.

Siguiendo el método de partida doble, cada asiento tiene dos vertientes o partes, una en el activo y otra en el pasivo, ya que cada movimiento del debe tiene su contrapartida en el haber y viceversa.

Aunque no existe ninguna obligación legal, la información que generalmente se incluye en un asiento es la siguiente:

- Fecha en la que se realiza el asiento.
- Número del asiento contable (números consecutivos que se dan a los asientos realizados en el libro diario).

- Cuentas que intervienen, indicando número de cuenta y denominación (se verá con más detalle al analizar el Plan General de Contabilidad).
- Importes asociados a cada cuenta, indicando si son cargos o abonos.
- Descripción de la operación.

Consejo

Es muy importante prestar atención a la descripción incluida en los asientos contables, ya que valdrá para poder identificar una operación dentro del conjunto de anotaciones que se realicen en una cuenta. Se debe ser preciso, conciso y mostrar la información relevante.

La siguiente imagen ofrece un ejemplo de cómo se muestra un asiento contable registrado a través de una aplicación informática.

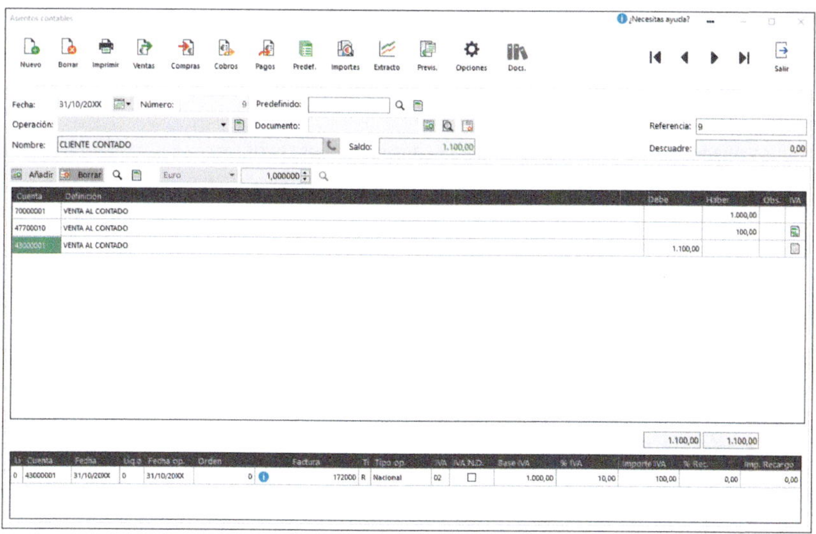

Aunque también se puede encontrar representado como en la siguiente tabla.

	Debe	21/05/20XX	Haber	
		Asiento Núm. 25		
2.500,00	600 (compras de mercaderías) Factura 254 del proveedor "X"	a	400 (proveedores) Factura 254 del proveedor "X"	2.500,00

Es posible comprobar en el ejemplo anterior cómo se cumple la partida doble, de modo que las anotaciones hechas en el debe (2.500 €) tienen igual importe que las realizadas en el haber (2.500 €).

Aplicación práctica

El día 15 de mayo de 20X2 se realiza una venta al Cliente Ámbar, S. L. por valor de 3.200 €. El día 30 del mismo mes, el cliente paga la deuda mediante una transferencia bancaria.

Registre los asientos contables de las transacciones descritas.

SOLUCIÓN

Aquí se puede observar que existen dos hechos contables distintos:

- La realización de la venta al cliente.
- El cobro de la venta realizada.

Los asientos que se realizarían serían los siguientes:

Fecha	Núm. Asiento	Núm. Cuenta	Nombre cuenta	Descripción	Debe (EUR)	Haber (EUR)
15-05-X2	1	700 430	Ventas Clientes	Factura ventas Núm. 1 a Ambar, S. L. Factura ventas Núm. 1 a Ambar, S. L.	 3.200,00	3.200,00
30-05-X2	2	430 572	Clientes Bancos	Cobro factura Núm. 1 a Ambar, S. L. Cobro factura Núm. 1 a Ambar, S. L.	 3.200,00	3.200,00

Continúa en página siguiente >>

<< Viene de página anterior

En el asiento número 1 se registra la realización de la venta, reconociendo un derecho de cobro que aumenta (que es la cuenta de clientes, en el activo), siendo su contrapartida una cuenta de ingresos, que afectará directamente al resultado de la empresa y, por lo tanto, a su patrimonio neto.

El asiento número 2 recoge el cobro de esta deuda, con lo cual el derecho de cobro disminuye (representada en la cuenta de clientes), aumentando el dinero en efectivo que se tiene en el banco (se incrementa el activo).

Nota: las cuentas contables (sus números y nombres) se verán más adelante y no son el objeto principal de este ejercicio. Aquí se pretende identificar los elementos patrimoniales que intervienen, saber sus alteraciones, colocar correctamente en el debe o el haber sus movimientos y transcribirlo todo mediante un asiento contable.

Según la clase de operación que realicen, es posible distinguir los siguientes tipos de asientos:

- **Asiento de apertura:** el que se realiza al principio de cada ejercicio para abrir la contabilidad.
- **Asientos operativos:** son los que recogen las transacciones que se realizan en el día a día de la empresa. Aunque lo común es que se realice un asiento por operación, la ley permite agrupar las operaciones realizadas hasta un máximo de un mes en un solo asiento, siempre que el detalle de cada una de ellas se recoja en otro informe, como podría ser el libro mayor.
- **Asientos de ajuste:** son aquellos que se realizan para corregir en la contabilidad las desviaciones que pudieran existir respecto a la realidad, para así poder mostrar la imagen fiel de la situación patrimonial de la empresa. Por ejemplo: estos asientos podrían realizarse cuando se elabora un inventario y se ve que las existencias no muestran el mismo valor en la contabilidad y en la realidad o cuando hay que hacer correcciones de valor de ciertos elementos debido al deterioro o por otros motivos.
- **Asientos de regularización:** aquellos que se hacen para saldar y cerrar las cuentas de ingresos y gastos, permitiendo así la obtención del resultado obtenido en el ejercicio económico.

- **Asiento de cierre:** el que se realiza al final de cada ejercicio para cerrar la contabilidad de ese periodo.

3.4. El libro mayor

El libro mayor es un libro no obligatorio, pero de uso generalizado en las empresas. De hecho, es casi imposible encontrarse con alguna compañía que no lo introduzca dentro de su sistema de información.

En el libro mayor se recogen, para cada cuenta, los registros de valores que se han introducido en la contabilidad a través de los asientos en el libro diario.

La utilidad del libro mayor es poder conocer el comportamiento y movimientos que ha tenido una cuenta determinada durante un periodo de tiempo sin necesidad de ir viendo en el libro diario operación por operación y seleccionando aquellas en la que la cuenta que se quiere analizar ha intervenido.

Recuerde

El libro mayor no es un libro obligatorio, pero su utilidad hace que sea formulado de forma habitual por las empresas.

Considerando la representación esquemática en forma de T de las cuentas, el libro mayor presentaría el aspecto de la siguiente tabla.

	DEBE	CAJA	HABER
	100.000 20.000		15.000
Sumas	120.000		15.000
Saldo deudor		**105.000**	

En la realidad, los programas informáticos no muestran el libro mayor de esta manera, sino en un formato de tabla que permite ver las operaciones que se han realizado con la cuenta sobre la que se pide información. Puede verse a continuación, por ejemplo, cómo mostraría un programa la cuenta bancos en el libro mayor.

LIBRO MAYOR

Empresa: 01 - SAGE 50 **Ejercicio:** 20XX

Fechas: 01/01/20XX - 31/12/20XX **Cuentas:** 57200000-TARJETAS - 57200004-La Caixa

Número	Fecha	Descripción	Debe	Haber	Saldo
		57200001 BANCOS			
5	31/10/20XX	traspaso	1.000,00	0,00	1.000,00
7	31/10/20XX	COBRO VENTA DEL DIA	550.000,00	0,00	551.000,00
8	31/10/20XX	TRASPASO	0,00	10.000,00	541.000,00
14	04/11/20XX	COBRO FRA. 17000001/1 ESTHER GÓMEZ SÁNCHEZ	36,24	0,00	541.036,24
16	04/11/20XX	PAGO FRA. 9/1 DISTRIBUIDORA INFORMÁTICA, S.A.	0,00	834,90	540.201,34
		TOTAL 57200001 BANCOS	**551.036,24**	**10.834,90**	**540.201,34**

Aplicación práctica

Como director financiero de su compañía y con el libro mayor en sus manos, usted se pregunta si podría pagar en este justo momento las deudas que tiene contraídas con sus proveedores. ¿Sería posible?

	DEBE	BANCOS	HABER
			20.000
Sumas	0		20.000
Saldo acreedor		**20.000**	

	DEBE	**CAJA**	HABER
	100.000 20.000		15.000
Sumas	120.000		15.000
Saldo deudor		**105.000**	

	DEBE	**CLIENTES**	HABER
			100.000
Sumas	0		100.000
Saldo acreedor		**100.000**	

	DEBE	**PROVEEDORES**	HABER
			15.000
Sumas	0		15.000
Saldo acreedor		**15.000**	

	DEBE	**COMPRAS**	HABER
	30.000		
Sumas	30.000		0
Saldo deudor		**30.000**	

	DEBE	**VENTAS**	HABER
			300.000
Sumas	0		300.000
Saldo acreedor		**300.000**	

	DEBE	**EFEC. A COBRAR**	HABER
	300.000		
Sumas	300.000		0
Saldo deudor		**300.000**	

Solución

En primer lugar, hay que analizar las cuentas que aparecen en el libro mayor, para poder obtener qué cantidad se debe pagar y de cuántos fondos se dispone en ese momento.

La cuenta de bancos presenta un saldo acreedor. Esta cuenta representa un bien, es una cuenta de activo, que crece por el debe y disminuye por el haber. Normalmente, se encontrará con un saldo deudor, pero en este caso es acreedor, lo que quiere decir que se debe dinero al banco (posiblemente un descubierto en la cuenta bancaria que haya que atender).

La cuenta de caja representa un bien (dinero en efectivo). Su saldo deudor dice que se cuenta con ese dinero.

Las cuentas de clientes y efectos a cobrar son derechos de cobros, pero al no haberse convertido a dinero efectivo aún, no podrían usarse para hacer pagos en este momento.

Las cuentas de compras y ventas representan la gestión de la empresa (los gastos e ingresos). Esos gastos e ingresos habrán sido o serán convertidos en dinero en algún momento del tiempo (recuérdese la diferencia entre corriente económica y corriente financiera de la empresa).

La cuenta de proveedores es una cuenta de pasivo y su saldo acreedor indica lo que se debe pagar.

Visto esto, hay que pagar a los proveedores 15.000 € y se tiene un efectivo de 105.000 €.

Llegado a este punto, es evidente que se puede atender perfectamente en este momento la deuda que se tiene con proveedores.

3.5. Aplicación del método en la contabilidad

Una vez conocidos los conceptos de hecho y asientos contables, y estudiado el método de la partida doble, se pondrá en práctica la aplicación del método contable a través de una serie de ejemplos que permitirán poner de relieve lo aprendido.

Se analizarán así varias transacciones comerciales habituales en las que se describirá el hecho contable que se produce, los elementos patrimoniales que en ella participan, el comportamiento de estos hechos contables, el asiento contable que debería realizarse en el libro diario y las anotaciones en el libro mayor.

Nota

No se tendrán en cuenta los números y cuentas que propone el Plan General de Contabilidad, que se verán más adelante. Se nombrarán las cuentas de una forma intuitiva que valga para la realización de los ejemplos.

Transacción 1

Compra de un solar por importe de 20.000 €, con pago por transferencia bancaria.

Descripción del hecho contable

Hecho	Cuenta	Tipo cuenta	Variación	Valoración	Operación
Adquisición del solar Pago del solar	Terrenos Bancos	Activo Activo	Aumento Disminución	20.000,00 20.000,00	Cargar Abonar

Asiento contable

Cuenta	Descripción	Debe (EUR)	Haber (EUR)
Terrenos	Compra de solar	20.000,00	
Bancos	Compra de solar		20.000,00

Registros en libro mayor

DEBE	TERRENOS	HABER
20.000,00		

DEBE	BANCOS	HABER
		20.000,00

Transacción 2

Se obtienen 500 € de la cuenta bancaria de la empresa para tener en la oficina algún efectivo con el que pagar pequeños gastos.

Descripción del hecho contable

Hecho	Cuenta	Tipo cuenta	Variación	Valoración	Operación
Salida de dinero de la cuenta bancaria Tener dinero en la oficina	Bancos Caja	Activo Activo	Disminución Aumento	500,00 500,00	Abonar Cargar

Asiento contable

Cuenta	Descripción	Debe (EUR)	Haber (EUR)
Bancos Caja	Aportación de dinero a caja de oficina Aportación de dinero a caja de oficina	 500,00	500,00

Registros en libro mayor

DEBE	CAJA	HABER
500,00		

DEBE	BANCOS	HABER
		500,00

Transacción 3

Se realiza una venta a un cliente por importe de 9.000 €, de los cuales se cobran 1.500 € mediante una transferencia bancaria y el resto a crédito, aplazando su pago 18 meses.

Descripción del hecho contable

Hecho	Cuenta	Tipo cuenta	Variación	Valoración	Operación
Venta realizada al cliente Cobro por transferencia Cobro a crédito a 18 meses	Ventas Bancos Clientes	Ingresos Activo Activo	Aumento Aumento Aumento	9.000,00 1.500,00 7.500,00	Abonar Cargar Cargar

Asiento contable

Cuenta	Descripción	Debe (EUR)	Haber (EUR)
Ventas	Ventas a cliente		9.000,00
Bancos	Ventas a cliente	1.500,00	
Clientes	Ventas a cliente	7.500,00	

Registros en libro mayor

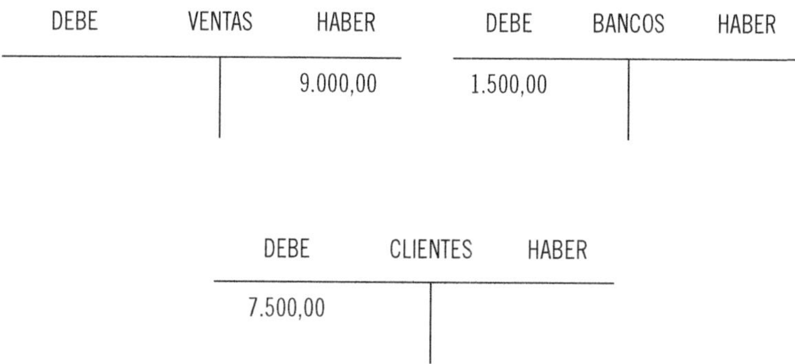

Aunque la forma de contabilización expuesta anteriormente en la transacción 3 es totalmente correcta, puede comentarse un matiz que podría ser de utilidad y que es una práctica bastante profesional.

Si se observa el mayor del cliente, se ve que hay un apunte por importe de 7.500 €, en vez de los 9.000 € por los que se hizo la venta, que sería la deuda inicial del cliente.

Nota

Se sabe esta situación porque se conoce el hecho contable realizado en la operación, pero, si otra persona viese esa cuenta mayor y no tuviese acceso al asiento contable que generó ese apunte, pensaría erróneamente que la venta realizada fue por 7.500 €.

Para evitar esto, es una buena práctica no contabilizar las operaciones por sus valores netos, sino reflejar todos y cada uno de los movimientos que se generarían en cada cuenta.

En este caso, podría contabilizarse la venta en un primer lugar y el pago en el segundo, quedando de la siguiente manera:

Hecho	Cuenta	Tipo cuenta	Variación	Valoración	Operación
Venta realizada al cliente	Ventas	Ingresos	Aumento	9.000,00	Abonar
Cobro por transferencia	Bancos	Activo	Aumento	1.500,00	Cargar
Cobro a crédito a 18 meses	Clientes	Activo	Aumento	7.500,00	Cargar

Asiento contable

Cuenta	Descripción	Debe (EUR)	Haber (EUR)	
Ventas	Ventas a cliente		9.000,00	Asiento por la operación de venta
Clientes	Ventas a cliente	9.000,00		
Clientes	Ventas a cliente		1.500,00	Asiento por el cobro
Bancos	Ventas a cliente	1.500,00		

Registros en libro mayor

DEBE	VENTAS	HABER
		9.000,00

DEBE	BANCOS	HABER
1.500,00		

DEBE	CLIENTES	HABER
9.000,00		1.500,00
Saldo 7.500,00		

Se observa que, de esta forma, los resultados finales son iguales, pero la cuenta mayor de clientes muestra cada uno de los movimientos que se han realizado en ella.

Consejo

A la hora de contabilizar, se deben intentar reflejar todos los movimientos que realizan cada una de las cuentas. Esto es especialmente útil a la hora de hacer análisis posteriores de las cuentas.

Transacción 4

Se cobra la deuda pendiente del cliente del punto anterior.

Descripción del hecho contable

Hecho	Cuenta	Tipo cuenta	Variación	Valoración	Operación
Reducción de la deuda del cliente	Clientes	Activo	Disminución	7.500,00	Abonar
Cobro de la deuda	Bancos	Activo	Aumento	7.500,00	Cargar

Asiento contable

Cuenta	Descripción	Debe (EUR)	Haber (EUR)
Clientes	Cobro deuda pendiente cliente		7.500,00
Bancos	Cobro deuda pendiente cliente	7.500,00	

Registros en libro mayor

DEBE	CLIENTES HABER
9.000,00	1.500,00
Saldo 7.500,00	
	7.500,00

DEBE	BANCOS HABER
1.500,00 7.500,00	

Aplicación práctica

Usted trabaja en el departamento de contabilidad de la empresa ANSI, S. A., que presta servicios de consultoría. Al llegar a su puesto de trabajo, se encuentra que le han dejado los siguientes documentos:

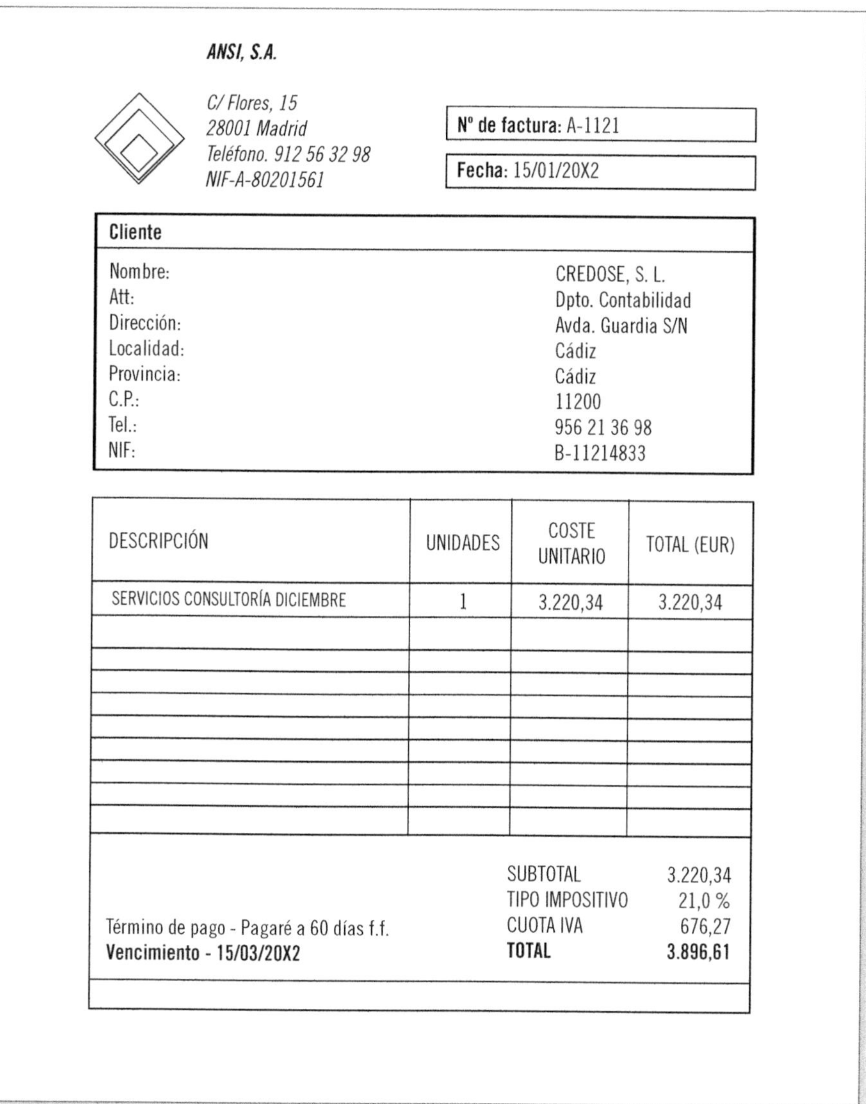

ANSI, S.A.

C/ Flores, 15
28001 Madrid
Teléfono. 912 56 32 98
NIF-A-80201561

Nº de factura: A-1121

Fecha: 15/01/20X2

Cliente	
Nombre:	CREDOSE, S. L.
Att:	Dpto. Contabilidad
Dirección:	Avda. Guardia S/N
Localidad:	Cádiz
Provincia:	Cádiz
C.P.:	11200
Tel.:	956 21 36 98
NIF:	B-11214833

DESCRIPCIÓN	UNIDADES	COSTE UNITARIO	TOTAL (EUR)
SERVICIOS CONSULTORÍA DICIEMBRE	1	3.220,34	3.220,34

	SUBTOTAL	3.220,34
	TIPO IMPOSITIVO	21,0 %
Término de pago - Pagaré a 60 días f.f.	CUOTA IVA	676,27
Vencimiento - 15/03/20X2	**TOTAL**	**3.896,61**

Documento 1 de aplicación práctica

LAPICERO, S. A.

C/ Almirán, 3
29003 Málaga
Tel. 952 36 37 55
NIF-A-21345812

Nº de factura: 153

Fecha: 06/02/20X2

Cliente	
Nombre:	ANSI, S. A.
Att:	Dpto. Contabilidad
Dirección:	C/ Flores, 15
Localidad:	Madrid
Provincia:	Madrid
C.P.:	28001
Tel.:	912 56 32 69
NIF:	A-80201561

DESCRIPCIÓN	UNIDADES	COSTE UNITARIO	TOTAL (EUR)
CARPETAS ARCHIVO	4	30,00	120,00
SEPARADORES	3	10,00	30,00
FOLIOS	10	4,49	44,90

	SUBTOTAL	194,90
	TIPO IMPOSITIVO	21,0 %
Término de pago - CONTADO	CUOTA IVA	40,93
	TOTAL	**235,83**

Documento 2 de aplicación práctica

ANSI, S. A.
C/ Flores, 15
28004, Madrid

BANCO AHORRO MÁXIMO
OFICINA C/ Alimante Nº. 45
ATT. Sr. Director de la oficina

Madrid, a 10 de febrero de 20X2

Estimado Sr.:

Por la presente ruego se sirva realizar con cargo a nuestra cuenta nº. 1516/2362/22/1596842395 y al día de la fecha, la operación que a continuación de detalla:

TRANSFERENCIA BANCARIA A:

Empresa LAPICERO, S. A.
Banco: Banco de Madrid
C.C.C. Nº. 2663/4798/55/5693654725
Importe: 235,83 euros
Concepto: Pago factura 153

FDO:

Documento 3 de aplicación práctica

Caja de Ahorros de Sevilla
Oficina José Laguillo, 104
Calle José Laguillo, 104
41003 Sevilla

ES23 1832 2976 43 1010238727

EUROS: *3.896,61*

VENCIMIENTO: *15* de *marzo* de 20 *X2*

POR ESTE PAGARÉ ME COMPROMETO A PAGAR EL DÍA DEL VENCIMIENTO INDICADO A:

ANSI, S. A.

EUROS: *tres mil ochocientos noventa y seis con sesenta y uno*

Serie B.1
2.543.165-1

Cádiz a *17* de *enero* de 20 *X2*

Documento 4 de aplicación práctica

¿Sería usted capaz de identificar en qué consiste cada uno de los documentos que tiene que contabilizar y hacer los asientos y anotaciones en el libro diario pertinentes?

NOTA: este ejercicio está diseñado para la identificación de la documentación que se puede encontrar, así como su contabilización. En algunos documentos, se verá la presencia del IVA, que tiene una forma específica de contabilización que se verá más adelante. A este respecto, se considerará en dichos documentos el IVA dentro del total final, es decir, no separado a la hora de contabilizar, registrando los documentos por sus valores totales. Es una simplificación que se hace exclusivamente a efectos de este ejercicio.

Solución

En primer lugar, se deben entender cada uno de los documentos. Se analizará cada uno de ellos, realizando el asiento contable pertinente.

Documento 1

Puede observarse que se trata de una factura de venta que se emite (en nombre de ANSI, S. A.) al cliente CREDOSE, S. L. por importe de 3.896,61 €, teniendo esta un vencimiento de dos meses.

Documento 2

Este documento representa una factura que emite la empresa LAPICERO, S. A., por lo que para ANSI supone una factura de compra, por importe de 235,83 €, que se debe pagar al contado.

Documento 3

Este es un documento muy habitual y que no se ha visto con anterioridad, pero leyéndolo se puede entender perfectamente de qué se trata. En él se puede observar cómo ANSI da una orden a un banco (BANCO AHORRO MÁXIMO, que se entiende que es su banco, ya que si no, no se le podría solicitar hacer ninguna transacción) para que realice una operación, que es transferir un dinero a otra empresa (LAPICERO, S. A.). Se ve que es por el importe de la factura que esta empresa emitió a ANSI y para la cual requería pago al contado. Se trata de un pago que ANSI está realizando para saldar su deuda con el proveedor. Este documento se conoce como orden de transferencia.

Documento 4

Según se estudió, este documento es un pagaré, por el que se pagará a la empresa ANSI la cuantía de 3.896,61 € el día 15 de marzo de 20X2. Analizando la factura del documento 1, se ve que el importe es el mismo y que el vencimiento sería correcto, ya que la factura se emitió el 15/01/X2 y estipulaba como medio de pago 60 días f.f., que sería el 15/03/X2. Se trata, por lo tanto, de un documento de cobro que se está recibiendo.

Los asientos contables que realizar en base a los documentos serían los siguientes:

Asientos contables

Fecha	Cuenta	Descripción	Debe (EUR)	Haber (EUR)
15/01/20X2	Ventas Clientes	Ventas a Credose Factura A-1121 Ventas a Credose Factura A-1121	 3.896,61	3.896,61
06/02/20X2	Compras Proveedores	Compras a Lapicero Factura 153 Compras a Lapicero Factura 153	235,83 	 235,83
10/02/20X2	Bancos Proveedores	Pago Factura 153 a Lapicero Pago Factura 153 a Lapicero	 235,83	235,83
15/03/20X2	Bancos Clientes	Cobro Factura A-1121 de Credose Cobro Factura A-1121 de Credose	3.896,61 	 3.896,61

Nota: cuando recibimos o emitimos un pagaré u otro documento de pago que no es efectivo en el mismo momento en que se posee, es habitual realizar un asiento contable que nos permita después idenfiticar aquellas facturas emitidas o recibidas para las cuales ya tenemos documentos de cobro/ pago. En nuestro caso, en relación al pagaré que Credose nos emitió, podríamos haber realizado los siguientes asientos:

Fecha en la que hubiésemos recibido el pagaré	Clientes Clientes-Documento cobro	Pagaré recibido para Factura A-1121 de Credose Pagaré recibido para Factura A-1121 de Credose	 3.896,61	3.896,61
15/03/20X2	Bancos Clientes - Documento cobro	Cobro pagaré Factura A-1221 de Credose Cobro pagaré Factura A-1221 de Credose	3.896,61 	 3.896,61

El libro mayor recogería las siguientes anotaciones derivadas de los documentos:

Registros en libro mayor

DEBE	VENTAS	HABER
		3.896,61
		Saldo acreedor = 3.896,61

DEBE	CLIENTES	HABER
3.896,61		3.896,61
Saldo = 0		

DEBE	COMPRAS	HABER
235,83		
Saldo deudor = 235,83		

DEBE	PROVEEDORES	HABER
235,83		235,83
Saldo = 0		

DEBE	BANCOS	HABER
3.896,61		235,83
Saldo deudor = 3.660,78		

4. Balance de comprobación de sumas y saldos

Ya se ha comentado, hablando de los libros obligatorios de contabilidad, que el libro inventario, incluido en el libro inventario y cuentas anuales, se abre con el balance inicial detallado de la empresa y sobre él deben transcribirse, con una periodicidad al menos trimestral, los balances de comprobación o de sumas y saldos, para acabar transcribiendo el inventario de cierre de la empresa.

Análisis en equipo de estados contables

El balance de comprobación o de sumas y saldos es un documento en el que se refleja, en cualquier momento del tiempo que se elija, la totalidad de las cuentas (de activo, pasivo, gastos e ingresos) que una empresa tiene en su sistema contable, mostrando para cada una de ellas la suma de las operaciones registradas en su debe y en su haber (lo que da una idea del movimiento de la cuenta en el periodo de tiempo para el que se tome), así como su saldo (lo que muestra la situación relativa de la cuenta en ese momento).

4.1. Estructura

El balance de sumas y saldo se formula verticalmente, en forma de lista, y aunque no haya un orden obligatorio a seguir, suele presentarse correlativamente según la numeración de las cuentas que propone el Plan General de Contabilidad.

Recuerde

El balance de sumas y saldos muestra los movimientos y saldos de todas las cuentas del sistema contable.

BALANCE DE SUMAS Y SALDOS

Empresa: 01 - SAGE 50 **Ejercicio:** 20XX

Fechas: 01/01/20XX - 31/12/2019

Cuenta	Definición	Saldo Inicial	Periodo Debe	Periodo Haber	Periodo Saldo Debe	Periodo Saldo Haber
400	**Proveedores**		**955,90**	**834,90**	**121,00**	
40000000	DISTRIBUIDORA INFORMÁTICA, S.A.		955,90	834,90	121,00	
410	**Acreedores por prestaciones de servicios**			**314,60**		**314,60**
41000000	Acreedores varios			314,60		314,60
430	**Clientes**		**61.308,93**	**36,24**	**61.272,69**	
43000001	CLIENTE CONTADO		1.100,00		1.100,00	
43000002	ESTHER GÓMEZ SÁNCHEZ		36,24	36,24		
43000003	ANTONIO TORRES MAYORAL		1.421,69		1.421,69	
43000005	ANDRÉS CASADO CASAS		3.751,00		3.751,00	
43000012	DANIEL MONTERO CARO		55.000,00		55.000,00	
440	**Deudores**		**550.357,50**	**550.357,50**		
44000012	ANTONIO MONTERO CARO		550.357,50	550.357,50		
472	**H.P. IVA soportado**		**220,50**	**21,00**	**199,50**	
47200021	IVA SOPORTADO 21%		54,60		54,60	
47200100	IVA SOPORTADO NO DEDUCIBLE (PRORRATA)		165,90		165,90	
47200101	IVA SOPORTADO NO DEDUCIBLE PENDIENTE DEVENGO (PRORRATA)			21,00		21,00
475	**H.P. acreedora por conceptos fiscales**			**253,03**		**253,03**
47500001	HACIENDA PÚBLICA ACREEDORA POR CONCEPTOS FISCALES			253,03		253,03
477	**H.P. IVA repercutido**		**253,03**	**56.036,53**		**55.783,50**
47700010	IVA REPERCUTIDO 10%			55.100,00		55.100,00
47700021	IVA REPERCUTIDO 21%		253,03	936,53		683,50
555	**Partidas pendientes de aplicación**			**10,00**		**10,00**
55500002	CUENTA PUENTE REPOSICION/RETIRADA			10,00		10,00
570	**Caja, €**		**10.010,00**	**1.000,00**	**9.010,00**	
57000000	CONTADO		10,00		10,00	
57000001	CAJA EFECTIVO		10.000,00	1.000,00	9.000,00	
572	**Bancos e instit.de créd.c/c vista, €**		**551.393,74**	**10.955,90**	**540.437,84**	
57200001	BANCOS		551.036,24	10.834,90	540.201,34	
57200003	BBVA			121,00		121,00
57200004	La Caixa		357,50		357,50	

BALANCE DE SUMAS Y SALDOS

Empresa: 01 - SAGE 50 **Ejercicio:** 2019

Fechas: 01/01/2019 - 31/12/2019

Cuenta	Definición	Saldo Inicial	Periodo Debe	Periodo Haber	Periodo Saldo Debe	Periodo Saldo Haber
600	**Compra de mercancía**		**690,00**		**690,00**	
60000001	COMPRA DE MERCANCÍA		690,00		690,00	
628	**Suministros**		**260,00**		**260,00**	
62800000	SUMINISTROS		260,00		260,00	
700	**Venta de mercancía**			**554.529,90**		**554.529,90**
70000001	VENTA DE MERCANCÍA			554.529,90		554.529,90
707	**Ventas pendientes de facturar**			**1.100,00**		**1.100,00**
70700001	VENTAS PENDIENTES DE FACTURAR			1.100,00		1.100,00
	TOTAL FINAL		**1.175.449,60**	**1.175.449,60**	**612.133,03**	**612.133,03**

Balance de sumas y saldos obtenido con una aplicación informática de contabilidad.

Nota

Tenga en cuenta que aunque lo más habitual sea que un balance de sumas y saldos muestre únicamente las cuentas contables, también pueden encontrarse algunos que muestren subgrupos y grupos contables que sumen los importes de las cuentas contenidas en ellos. Debe saber interpretarse este hecho para evitar confusiones en la lectura del informe.

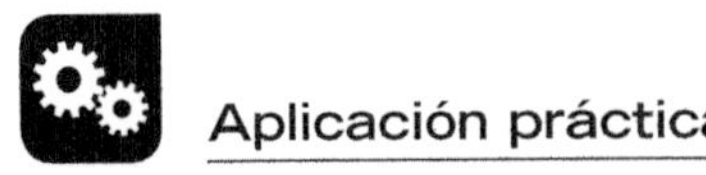

Aplicación práctica

Explique la situación en la que se encuentran la cuenta de bancos y de proveedores en el siguiente balance de sumas y saldos.

BALANCE DE COMPROBACIÓN AL						
Folio	Código	Cuentas	Movimientos		Saldos	
			Debe	Haber	Deudor	Acreed.
2		Caja	36.000,00	13.500,00	22.500,00	
3		Bancos	5.000,00	500,00	4.500,00	
4		Mercaderías	9.000,00	14.000,00		5.000,00
5		Clientes	6.000,00	3.000,00	3.000,00	
6		Mobiliario	3.500,00		3.500,00	
7		Proveedores	2.000,00	4.000,00		2.000,00
8		Acreedores diversos		13.500,00		13.500,00
9		Capital		15.000,00		15.000,00
11		Gastos (Cuenta de)	2.000,00		2.000,00	
			63.500,00	63.500,00	35.500,00	35.500,00

SOLUCIÓN

Banco: en el periodo para el cual se ha sacado el balance de comprobación o de sumas y saldos, la cuenta bancaria de la empresa ha ingresado 5.000 € (al debe) y ha realizado pagos por 500 € (al haber), dejando al final un saldo deudor de 4.500 € (5.000 - 500), dinero que está en la cuenta bancaria de la empresa.

Proveedores: para el periodo de referencia, la empresa ha hecho compras por valor de 4.000 € (al haber, reconociendo una obligación de pago a favor de los proveedores) y ha realizado pagos a estos por 2.000 € (al debe, reduciendo de este modo la deuda pendiente), quedando un saldo acreedor de 2.000 € (4.000 - 2.000), que son pagos que aún están pendientes de hacerse a proveedores.

Es importante tener siempre presente que al incluirse en el balance de sumas y saldos todas las cuentas y debido al método de registro contable de partida doble, la diferencia entre la suma de todos los saldos deudores y de todos los acreedores debe dar siempre cero.

Puede afirmarse que el balance de sumas y saldos tiene unas propiedades aritméticas según las cuales:

- La suma de los valores registrados en el debe de todas las cuentas es igual a la de los valores registrados en el haber.
- La suma de los saldos deudores de todas las cuentas es igual a la suma de los saldos acreedores.

Ejemplo

En la anterior aplicación, se ve que el total de saldos deudores suma 35.500 €, igual que el total de saldos acreedores, siendo por tanto la diferencia 0 y el balance de comprobación correcto. Igualmente, se puede comprobar que la suma de los movimientos de las cuentas en el debe y el haber es la misma, 63.500 €.

Estas simples reglas aritméticas hacen que el balance de sumas y saldos se constituya como un importante instrumento de control, permitiendo rápidamente localizar si en algún asiento ha habido un descuadre (los importes de su debe y de su haber no eran iguales) o si alguna cuenta no se ha incluido en él, ya que en estos casos no se cumplirían las igualdades descritas. Por este motivo es por el que también se le conoce como balance de comprobación.

Importante

En el balance de sumas y saldos se cumple que:

Suma saldos deudores = Suma de saldos acreedores.

El balance de comprobación o de sumas y saldos se obtiene directamente de la información que se recoge en el libro mayor.

Para elaborarlo deben darse los siguientes pasos:

- Elaborar un cuadro como el siguiente:

	Movimientos		Saldo	
Cuenta	**Debe**	**Haber**	**Deudor**	**Acreedor**
....				
....				

- Poner en forma de lista la totalidad de las cuentas usadas en la contabilidad, que serán aquellas que aparecen en el libro mayor.
- Tomar para cada una de las cuentas la suma de los movimientos que aparecen en su debe y la suma de los movimientos de su haber, situando estos importes en su columna correspondiente.

- Hallar los saldos por la diferencia de estos importes, de la siguiente manera:
    - Si los movimientos del debe son mayores que los del haber, el saldo será deudor por el importe (movimientos debe – movimientos haber).
    - Si los movimientos del haber son mayores que los del debe, entonces se tendrá un saldo acreedor de importe (movimientos haber – movimientos debe).
- Comprobar que el total de los movimientos del debe es igual al de los movimientos del haber y que la suma de los saldos deudores es igual al de los acreedores.

Otra forma habitual de representar el balance de sumas y saldos, en especial a lo que los saldos de las cuentas se refiere, sería con el siguiente formato:

	Movimientos		
Cuenta	**Debe**	**Haber**	**Saldo**
....			
....			

Aquí se ve que no se diferencian en columnas los saldos deudores y acreedores, si bien será el signo de este el que indique su naturaleza. En estos casos, el saldo siempre se hallará mediante la diferencia (movimientos debe - movimientos haber), de modo que:

- Si el resultado y, por lo tanto, el saldo tiene signo positivo, estará diciendo que es un saldo deudor.
- Si tiene signo negativo, se trata un saldo acreedor.

Aplicación práctica

A partir del libro mayor que se muestra a continuación, elabore el balance de sumas y saldos correspondiente.

Libro mayor

DEBE	VENTAS	HABER
		2.500,00
		4.000,00
		2.300,00

DEBE	CLIENTES	HABER
2.500,00		2.500,00
4.000,00		4.000,00
2.300,00		

DEBE	COMPRAS	HABER
850,00		

DEBE	PROVEEDORES	HABER
2.350,00		1.500,00
		850,00
		300,00

DEBE	BANCOS	HABER
5.000,00		2.350,00
6.000,00		200,00
2.500,00		500,00
4.000,00		

DEBE	CAPITAL	HABER
		6.000,00

DEBE	UTENSILIOS	HABER
1.500,00		
300,00		

DEBE	DEUDAS ENT. CDTO.	HABER
200,00		5.000,00
500,00		

Solución

Siguiendo los pasos expuestos anteriormente, se obtendría el siguiente balance de sumas y saldos:

	Movimientos		Saldo	
Cuenta	**Debe**	**Haber**	**Deudor**	**Acreedor**
Capital	0,00	6.000,00		6.000,00
Utensilios	1.800,00	0,00	1.800,00	
Clientes	8.800,00	6.500,00	2.300,00	
Proveedores	2.350,00	2.650,00		300,00
Deudas de crédito	700,00	5.000,00		4.300,00
Bancos	17.500,00	3.050,00	14.450,00	
Compras	850,00	0,00	850,00	
Ventas	0,00	8.800,00		8.800,00
TOTAL	32.000,00	32.000,00	19.400,00	19.400,00

Mostrando los saldos en una sola columna, se tendría el siguiente balance:

	Movimientos		
Cuenta	**Debe**	**Haber**	**Saldo**
Capital	0,00	6.000,00	-6.000,00
Utensilios	1.800,00	0,00	1.800,00
Clientes	8.800,00	6.500,00	2.300,00
Proveedores	2.350,00	2.650,00	-300,00
Deudas de crédito	700,00	5.000,00	-4.300,00
Bancos	17.500,00	3.050,00	14.450,00
Compras	850,00	0,00	850,00
Ventas	0,00	8.800,00	-8.800,00
TOTAL	32.000,00	32.000,00	0,00

En este caso, se ve que los saldos deudores aparecen con signo positivo y los acreedores con signo negativo y que la suma de ambos, por lo tanto, es igual a cero.

5. El resultado de la gestión y su representación contable: la cuenta de pérdidas y ganancias

Una de las inquietudes principales de los propietarios de las empresas es saber cómo les está yendo, es decir, tener conciencia de si las decisiones que están tomando les están llevando a la obtención de buenos o malos resultados, ya que finalmente esto se traduce en un incremento o decremento del patrimonio neto, que, como se ha visto, supone que la empresa tenga un mayor o menor valor para ellos.

Cuando una empresa se constituye, se hace con la idea de una temporalidad indeterminada, es decir, que será duradera a lo largo del tiempo. A efectos

Nota

La obtención del resultado es algo fundamental dentro del mundo empresarial, ya que constituye en sí una evaluación de la gestión de la empresa, permitiendo tener una primera idea de la posible supervivencia de esta dentro del entramado económico.

de poder obtener la información necesaria para la evaluación de las gestiones, se hace necesario establecer unos periodos de tiempo determinado y hallar los resultados obtenidos en él. Con esto, no sólo se consigue poder evaluar periódicamente la gestión, sino que también se podrá comparar la información con la obtenida en periodos anteriores.

La cuenta de pérdidas y ganancias es la representación contable del resul-

Nota

Salvo decisión expresa de la empresa, el periodo establecido de forma habitual para la obtención de sus resultados es el año natural.

tado de las empresas, reflejando los gastos e ingresos incurridos durante el ejercicio económico, debidamente clasificados en función de su naturaleza.

Las principales funciones que realiza la cuenta de pérdidas y ganancias son:

Definición

Cuenta de pérdidas y ganancias
Es un estado contable de obligado cumplimiento, ya que es uno de los informes que constituyen las cuentas anuales de las empresas, libro obligatorio según la legislación.

- Permite conocer el comportamiento de una empresa en sus aspectos productivos y comerciales.
- Establece el resultado obtenido en un periodo acabado.
- Sirve como base de análisis de costes, de modo que se podrá conocer si los precios de los productos son o no adecuados para la continuidad de la empresa.
- Sirve de base para la elaboración de presupuestos para los siguientes periodos.

Nota

Resultado = Ingresos – Gastos:

- Ingresos > Gastos » Beneficios (Resultado Positivo).
- Ingresos < Gastos » Pérdidas (Resultado Negativo).

El Plan General de Contabilidad (PGC) establece cómo debe presentarse la cuenta de pérdidas y ganancias en las cuentas anuales.

1. Importe neto de la cifra de negocios
2. Variación de existencias de productos terminados y en curso de fabricación
3. Trabajos realizados por la empresa para su activo
4. Aprovisionamiento
5. Otros ingresos de explotación
6. Gastos de personal
7. Otros gastos de explotación
8. Amortización del inmovilizado
9. Imputación de subvenciones de inmovilizado no financiero y otras
10. Exceso de provisiones
11. Deterioro y resultado por enajenaciones del inmovilizado
A) RESULTADO DE EXPLOTACIÓN (1+2+3+4+5+6+7+8+9+10+11)
12. Ingresos financieros
13. Gastos financieros
14. Variación de valor razonable en instrumentos financieros
15. Diferencias de cambio
16. Deterioro y resultado por enajenaciones de instrumentos financieros
B) RESULTADO FINANCIERO (12+13+14+15+16)
C) RESULTADO ANTES DE IMPUESTOS (A+B)
17. Impuestos sobre beneficios
D) RESULTADO DEL EJERCICIO (C+17)

Modelo abreviado de la cuenta de pérdidas y ganancias según el PGC

Es importante saber que a la hora de hallar el resultado de una empresa para un periodo, se deben considerar los ingresos realizados en ese periodo y los gastos necesarios para la obtención de estos, estableciendo de esta manera una correlación entre los ingresos y los gastos.

Nota

El PGC establece qué cuentas deben incluirse dentro de cada uno de los epígrafes de la cuenta de resultados (como también se le llama a la cuenta de pérdidas y ganancias).

5.1. Tipos de resultados

Como se puede ver en el detalle de la cuenta de pérdidas y ganancias, existen varios resultados parciales:

- **Resultado de explotación:** aquel que deriva de las operaciones corrientes o habituales a las que se dedica la empresa, es decir, para lo que se esta fue creada. Contendrá los ingresos obtenidos por su actividad cotidiana y los gastos asociados.
- **Resultado financiero:** aquel obtenido por las operaciones financieras propiamente dichas (ingresos por intereses obtenidos por inversiones realizadas, gastos por préstamos, transferencias, etcétera).
- **Resultado antes de impuestos:** es la suma de los dos anteriores, es decir, del resultado de explotación y del financiero. También se conoce como resultado bruto.
- **Resultado del ejercicio:** es el resultado que se obtiene tras deducir el impuesto sobre beneficios al resultado antes de impuestos. También se le conoce como resultado neto o resultado después de impuestos.

Se ha comentado que el resultado de la empresa valdrá para analizar la gestión y evolución de la empresa y se acaba de ver que no solo existe un único resultado, sino que el resultado final se compone de varios, reflejando cada uno una parcela de la gestión empresarial.

Entonces, ¿en qué resultado hay que fijarse realmente?

Conociendo qué recoge cada resultado y lo que se quiere analizar, habrá que fijarse en uno u otro.

Así, si lo que interesa es analizar puramente la gestión que ha realizado la empresa en el ejercicio en el ámbito de las operaciones para la que fue constituida, el resultado que adquiere protagonismo es el resultado de explotación, ya que no está sujeto a los ingresos y gastos financieros, que dependen de la política financiera tomada por la empresa, es decir, de las decisiones de endeudamiento y no de la actividad principal.

Y afinando un poco más, para realizar una valoración aún más precisa de la gestión empresarial en la actividad que desarrolla, del resultado de explotación debería eliminarse la partida "11. Deterioro y resultado por enajenaciones del inmovilizado", ya que aquí se recoge lo que tradicionalmente se ha conocido como el resultado extraordinario, obtenido por pérdidas o ventas de inmovilizado que generan unos gastos o ingresos fortuitos o esporádicos que generalmente no dependen de decisiones empresariales meditadas.

Al resultado obtenido de depurar el resultado de explotación, detrayéndole el resultado extraordinario, se le conoce como resultado antes de intereses e impuestos, al que se le suele nombrar con las siglas de su nombre anglosajón, EBIT *(earnings before interest and taxes).*

EBIT = Resultado de explotación – Resultado extraordinario

Recuerde

El resultado más apropiado para valorar la gestión de la actividad ordinaria de la empresa es el EBIT.

Pero si lo que se pretende es saber la capacidad que tiene una empresa para generar caja, es decir, una evaluación financiera propiamente dicha, deberá tomarse como base el EBIT, al que se le deducirán las amortizaciones y las provisiones, ya que estos conceptos suponen gastos, pero no reflejan movimiento de dinero, obteniendo de ese modo el resultado antes de intereses, impuestos, provisiones y amortizaciones, al que también se le conoce con sus siglas anglosajonas, EBITDA *(earnings before interests, taxes, depreciation and amortization).*

EBITDA = EBIT – (Provisiones + Amortizaciones)

Recuerde

La capacidad para la generación de dinero es evaluada habitualmente a través del EBITDA.

Si lo que se quiere es valorar la gestión financiera que se está realizando, entonces se tendrá en consideración el resultado financiero.

Para considerar una valoración global, considerando capacidad económica, financiera y gestión fiscal, se tomará el resultado del ejercicio.

Sabía que...

El EBITDA se ha convertido en los últimos años en uno de los indicadores más utilizados para medir la gestión y rentabilidad operativa de las empresas.

Si bien estos suelen ser los análisis más comunes, cada persona en particular puede modificar los valores a incluir o extraer de los distintos componentes del resultado del ejercicio para así poder realizar la valoración más adecuada para su empresa.

A efectos de valoración de empresas en su gestión, es muy habitual en el mundo empresarial la utilización de ratios, que son unos indicadores obtenidos a partir de la relación de dos o más elementos, dando unos valores que se podrán situar dentro de una escala diseñada como aceptables para cada sector.

Así por ejemplo, podrían considerarse algunos ratios como los siguientes:

Rentabilidad bruta = EBITDA / Ventas

Este indicador, que se expresa en %, mostrará qué resultado, antes de intereses, impuestos, provisiones y amortizaciones, se obtiene por cada euro de ventas realizada.

Podría quererse obtener la rentabilidad bruta, pero en relación a los gastos, es decir, qué resultado bruto se obtiene por cada euro que se gasta, para lo que podría usarse:

Rentabilidad bruta sobre gastos = EBITDA / (Gastos explotación – Provisiones – Amortizaciones)

Igualmente podría hacerse considerando la rentabilidad neta en vez de la bruta, entre muchas otras opciones disponibles.

Nota

Se ha querido perfilar este tipo de análisis para poder comprender que, una vez entendida la información que muestran los estados contables, se tendrá la capacidad de adecuar los análisis que se realicen a la empresa en cuestión.

5.2. Proceso de regularización

Las cuentas de ingresos y gastos recogerán el desarrollo de la gestión de la empresa, dando información detallada sobre estos, pero lo que al final interesará conocer es si la empresa está teniendo resultados positivos o negativos derivados de su actividad.

Para ello, habrá que agrupar los ingresos y gastos de modo que se determine por su diferencia qué resultado se tiene.

Técnicamente hablando, el proceso de regularización consiste en saldar las cuentas de ingresos y gastos, utilizando como contrapartida (recuérdese que el método de partida doble exige siempre la existencia de esta) una cuenta de balance que recogerá el valor absoluto y neto de aquellas.

Definición

Regularización
Conjunto de operaciones encaminadas a la obtención del resultado contable del ejercicio.

La cuenta de balance que recogerá el resumen de ingresos y gastos se denomina "Resultado del ejercicio" y, al ser un incremento o decremento de valor de la compañía (obtenido por las operaciones de su actividad habitual), se adscribe a la masa patrimonial del patrimonio neto.

El proceso de regularización sería el siguiente:

1. Se saldarán las cuentas de ingresos, usando como contrapartida la cuenta de balance "Resultado del ejercicio".
2. Por otro lado, se saldarán las cuentas de gastos, usando igualmente como contrapartida la cuenta de resultado del ejercicio.

Nota

Al ser las cuentas de ingresos de naturaleza acreedora (nacen y crecen por el haber), para saldarlas habrá que cargarlas por el importe de su saldo, abonando la cuenta de resultado del ejercicio por el mismo importe, quedando así el asiento contable cuadrado.

Ya se sabe que las cuentas de gastos son de naturaleza deudora (nacen y crecen por el debe), por lo que se saldan (en la mayoría de los casos, ya que puede haber excepciones) abonándolas por el mismo importe de su saldo, cargando la cuenta de resultado del ejercicio por el mismo valor.

De lo anterior, se puede observar cómo se comporta la cuenta de resultado del ejercicio:

- Se abona por los ingresos obtenidos.
- Se carga por los gastos soportados.

De esta manera, es fácilmente comprensible que un saldo acreedor de la cuenta de resultado del ejercicio estará mostrando un resultado positivo [debe (gastos) < haber (ingresos)], mientras que un saldo deudor estará informando de que la empresa está teniendo pérdidas [debe (gastos) > haber (ingresos)].

Sabía que...

En contabilidad hay dos conceptos que están muy relacionados pero que son diferentes, la cuenta contable "Resultado del ejercicio" y el estado contable "Cuenta de pérdidas y ganancias".

Un esquema gráfico como el siguiente, ayudará a asentar este proceso:

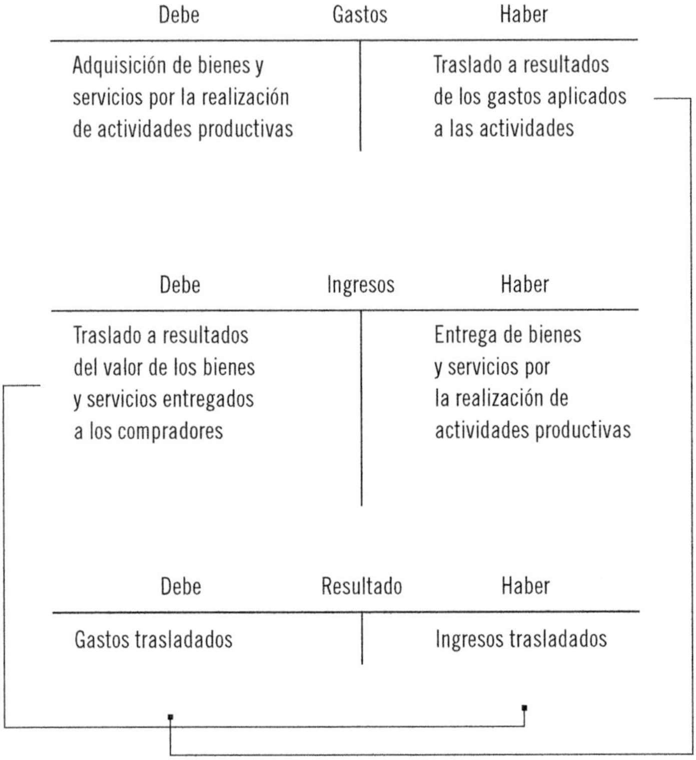

Debe	Gastos	Haber
Adquisición de bienes y servicios por la realización de actividades productivas		Traslado a resultados de los gastos aplicados a las actividades

Debe	Ingresos	Haber
Traslado a resultados del valor de los bienes y servicios entregados a los compradores		Entrega de bienes y servicios por la realización de actividades productivas

Debe	Resultado	Haber
Gastos trasladados		Ingresos trasladados

Por lo expuesto, es posible entender que los estados contables, balance de situación y cuenta de pérdidas y ganancias, se relacionan a través de la cuenta de resultado del ejercicio, ya que esta muestra en el balance el resultado de la empresa en el momento en que se realiza, pero sin dar información de cómo se ha generado. El detalle de su composición cualitativa y cuantitativa se proporciona en la cuenta de pérdidas y ganancias.

Es importante mencionar que las cuentas de ingresos y gastos se regularizan una vez al año, al final del ejercicio, quedando, como hemos visto, saldadas. Esto significa que cada principio de año el saldo de estas cuentas es cero.

Nota

La cuenta de resultado del ejercicio puede considerarse como aquella que recoge la autofinanciación de la empresa, ya que en ella se reflejan los medios financieros generados por las actividades ordinarias que esta realiza.

No pasa así con las cuentas de balance, cuyo saldo se traspasa de un año a otro, siendo este un saldo acumulado en el transcurso de la vida de la empresa.

A continuación se va a ver un ejemplo de regularización contable en el que las cuentas de ingresos y gastos del libro mayor son las siguientes:

Libro mayor

DEBE	VENTAS MERCADERÍAS	HABER
		8.000,00
		9.500,00
		17.500,00
		Saldo acreedor

DEBE	INGRESOS POR ARRENDAMIENTOS	HABER
		850,00
		850,00
		850,00
		2.550,00
		Saldo acreedor

DEBE	COMPRAS MATERIAS PRIMAS	HABER
3.500,00		
2.500,00		
200,00		
2.000,00		
8.200,00 Saldo deudor		

DEBE	SUELDOS Y SALARIOS	HABER
4.500,00		
4.600,00		
9.100,00 Saldo deudor		

DEBE	GASTOS PUBLICIDAD	HABER
1.200,00		
900,00		
2.100,00 Saldo deudor		

Lo primero será identificar qué cuentas son de ingresos y cuáles de gastos.

Las cuentas de ingresos son ventas e ingresos por arrendamientos (se observa que ambas presentan saldos acreedores), siendo de gastos las restantes.

Recuerde

Las cuentas de ingresos y gastos se regularizan anualmente, quedando saldadas, es decir, su saldo al final del proceso de cierre es siempre cero.

Se procederá, tal y como se ha explicado, a saldar las cuentas de ingresos y las de gastos, utilizando como contrapartida la cuenta de resultado del ejercicio y anotando en su mayor las anotaciones pertinentes. Se realizarían los siguientes asientos:

Cuenta	Descripción	Debe (EUR)	Haber (EUR)
Ventas mercaderías	Regularización ingresos	17.500,00	
Ingresos arrendamientos	Regularización ingresos	2.550,00	
Resultado del ejercicio	Regularización ingresos		20.050,00
Compras materias primas	Regularización gastos		8.200,00
Sueldos y salarios	Regularización gastos		9.100,00
Gastos publicidad	Regularización gastos		2.100,00
Resultado del ejercicio	Regularización gastos	19.400,00	

Se registra en el libro las anotaciones del asiento que se acaba de contabilizar. Nos quedaría:

DEBE	VENTAS MERCADERÍAS	HABER
		8.000,00
17.500,00		9.500,00
Cuenta saldada		

DEBE	INGRESOS POR ARRENDAMIENTOS	HABER
		850,00
		850,00
2.550,00		850,00
Cuenta saldada		

DEBE	COMPRAS MATERIAS PRIMAS	HABER
3.500,00		
2.500,00		
200,00		
2.000,00		8.200,00
Cuenta saldada		

DEBE	SUELDOS Y SALARIOS	HABER
4.500,00		9.100,00
4.600,00		
Cuenta saldada		

DEBE	GASTOS PUBLICIDAD	HABER
1.200,00		2.100,00
900,00		
Cuenta saldada		

DEBE	RESULTADO DEL EJERCICIO	HABER
19.400,00		20.050,00
	Saldo acreed.	650,00

Se observa que, tras el proceso de regularización, la cuenta de resultado del ejercicio presenta un saldo acreedor de 650 €, lo que indica que la empresa, para el momento en que ha realizado el mencionado proceso, tiene unos beneficios por ese importe.

Podría hacerse, en vez de dos asientos, uno para saldar las cuentas de ingresos y otro para las de gastos, realizar un único asiento, saldando todas las cuentas y llevando la diferencia (suma saldos deudores – suma saldos acreedores) a la cuenta de resultado del ejercicio. En el ejemplo anterior sería:

Cuenta	**Descripción**	**Debe (EUR)**	**Haber (EUR)**
Ventas mercaderías	Regularización	17.500,00	
Ingresos arrendamientos	Regularización	2.550,00	
Compras materias primas	Regularización		8.200,00
Sueldos y salarios	Regularización		9.100,00

Continúa en página siguiente >>

<< Viene de página anterior

Cuenta	Descripción	Debe (EUR)	Haber (EUR)
Gastos publicidad	Regularización		2.100,00
Resultado del ejercicio	Regularización		650,00

Se ve que el resultado es el mismo, presentándose un beneficio de 650 €.

Aplicación práctica

Usted está estudiando la posibilidad de firmar un acuerdo con un potencial cliente. Llega a sus manos un balance de dicha empresa, siendo este el siguiente:

ACTIVO		PASIVO	
Activo no corriente		*Patrimonio neto*	
Equipos informáticos	1.200,00	Capital	3.000,00
		Resultados	-780,00
Activo corriente			
Existencias	1.800,00	*Pasivo no corriente*	
Deudores corto plazo	1.370,00	Acreedores largo plazo	600,00
Bancos	1.850,00		
		Pasivo corriente	
		Acreedores corto plazo	2.500,00
		Proveedores corto plazo	900,00
Total activo	6.220,00	Total pasivo	6.220,00

¿Tiene usted que hacer algún comentario en relación a los resultados que su potencial cliente tiene actualmente?

SOLUCIÓN

Analizando su balance, no se podría pasar el comentar que su cuenta de resultado del ejercicio presenta un saldo deudor, es decir, tiene pérdidas, por lo que sería aconsejable recabar algo más de información sobre el potencial cliente para estudiar la viabilidad y seguridad de las operaciones comerciales que se tiene intención de entablar con él.

6. Plan General Contable en vigor

El Plan General de Contabilidad (PGC) es el texto legal que regula la contabilidad de las empresas en España.

El actual PGC fue aprobado a través del Real Decreto 1514/2007, desarrollando en modo de reglamento la Ley 16/2007 de reforma y adaptación de la legislación mercantil en materia contable para su armonización internacional con base en la normativa de la Unión Europea.

Este Real Decreto 1514/2007 consta de dos únicos artículos, aprobando el PGC en el primero de ellos y remarcando en el segundo la obligatoriedad de la aplicación de este para todas las empresas, salvo aquellas que puedan acogerse al PGC de pequeñas y medianas empresas (PGC de PYMES).

Nota

El PGC de PYMES fue aprobado por el Real Decreto 1515/2007, de modo que las empresas que cumplan los requisitos que en él se establecen puedan simplificar los criterios de registro, valoración e información a incluir en la memoria.

6.1. Estructura

El PGC se estructura de cinco apartados, que se detallan a continuación.

Marco conceptual

El marco conceptual es un apartado de obligado cumplimiento, en el que se puede observar la siguiente información:

Cuentas anuales. Imagen fiel

En este apartado se especifican los documentos que integran las cuentas anuales (balance de situación, cuenta de pérdidas y ganancias, estado de cambios en el patrimonio neto, estado de flujos de efectivo y memoria) y la necesidad de aplicar requisitos, principios y criterios contables para mostrar la imagen fiel del patrimonio, de la situación financiera y de los resultados de la empresa. Estos documentos forman una unidad, aunque, el estado de cambios en el patrimonio neto y el estado de flujos de efectivo no serán obligatorios para las empresas que puedan formular balance y memoria abreviados.

Requisitos de la información a incluir en las cuentas anuales

Se aclara que la información en las cuentas anuales debe ser relevante (es decir, útil para la toma de decisiones) y fiable (debe estar libre de errores materiales y ser neutral). De esta fiabilidad se deriva la cualidad de la integridad. Adicionalmente, debe cumplir con las cualidades de comparabilidad (las cuentas anuales deben ser comparables en el tiempo para una misma empresa, así como ser comparables en un mismo momento para distintas empresas, lo que requiere que todas se hagan siguiendo los mismos principios y criterios) y de claridad (que los usuarios, mediante un examen de la información, puedan formarse juicios que les permitan tomar decisiones).

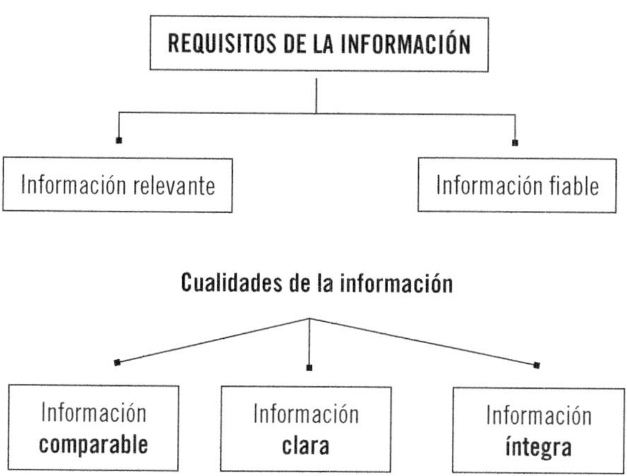

Principios contables

A la hora de valorar los elementos que se incluirán en la contabilidad y de registrar las operaciones que con ellos se realizan, se deben cumplir de forma obligatoria unos principios contables, cuya aplicación conduce a que se pueda cumplir con los requisitos y cualidades de la información expuestas en el punto anterior y conseguir de esa manera reflejar la imagen fiel del patrimonio, la situación financiera y los resultados de la empresa. Son la columna vertebral del cuerpo normativo contable. Estos principios son los siguientes:

Empresa en funcionamiento

Se considerará que la gestión de la empresa continuará en un futuro previsible, por lo que la aplicación de los principios contables no irá encaminada a determinar el valor del patrimonio a efectos de su enajenación global o parcial ni el importe resultante en caso de liquidación.

Devengo

La imputación de ingresos y gastos deberá hacerse en función de la corriente real de bienes y servicios que los mismos representan, es decir, cuando se produzca la transacción, con independencia del momento en que se produzca la corriente monetaria o financiera derivada de ellos.

Uniformidad

Adoptado un criterio en la aplicación de los principios contables dentro de las alternativas que, en su caso, estos permitan, deberá mantenerse a lo largo del tiempo y aplicarse a todos los elementos patrimoniales que tengan las mismas características, en tanto no se alteren los supuestos que motivaron la elección de dicho criterio.

Prudencia

Se deberá ser prudente en las estimaciones y valoraciones a realizar en condiciones de incertidumbre. Únicamente se contabilizarán los beneficios obtenidos hasta la fecha de cierre del ejercicio. Por el contrario, se deberán tener en cuenta todos los riesgos, con origen en el ejercicio o en otro anterior, tan pronto sean conocidos. Esto viene a decir que los ingresos serán contabilizados cuando se realicen (cuando se produzca la transacción que los genera), mientras que los gastos, aún sin haberse producido, solo con prever que son posibles, podrán contabilizarse.

Ejemplo

Si antes de cerrar un ejercicio, una empresa está metida en un litigio y se tiene la idea de que podría tener que pagar cierto dinero si lo pierde, con dudas razonables de que esto pudiera suceder, podría contabilizarse un gasto basado en este hecho.

No compensación

No podrán compensarse las partidas del activo y del pasivo del balance, ni las de gastos e ingresos que integran la cuenta de pérdidas y ganancias, establecidos en los modelos de las cuentas anuales, salvo que una norma lo regule de forma expresa. Se valorarán separadamente los elementos integrantes de las cuentas anuales.

Ejemplo

Si una empresa A es a la vez cliente y proveedor de otra B (imagínese que B le compra materia prima y que A, a su vez, compra a B los productos terminados), B no podrá compensar su saldo como cliente con su saldo como proveedor, sino que deberán mantenerse ambos y tratarlos de forma separada.

Importancia relativa

Podrá admitirse que no se apliquen estrictamente algunos de los principios contables siempre y cuando la importancia relativa en términos cuantitativos de la variación que tal hecho produzca sea escasamente significativa y, en consecuencia, no altere las cuentas anuales como expresión de la imagen fiel.

PRINCIPIOS CONTABLES (R. D. 1514/2007 de 16 de noviembre)
Empresa en funcionamiento
Devengo
Uniformidad
Prudencia
No compensación
Importancia relativa

Nota

Cuando se apliquen todos estos principios, pueden darse situaciones de conflictos entre ellos. En esos casos, se aplicará el principio que mejor conduzca a que las cuentas anuales expresen la imagen fiel del patrimonio, la situación financiera y los resultados de la empresa.

Elementos de las cuentas anuales

Se indican y definen en este apartado los elementos que se incluirán en las cuentas anuales. Estos son los activos, pasivos, patrimonio neto, ingresos y gastos, en los que ya se ha profundizado.

Criterios de registro o reconocimiento contable de los elementos de las cuentas anuales

Son los criterios que permiten la incorporación de los elementos patrimoniales a los estados contables que integran las cuentas anuales de las empresas.

Aunque en la segunda parte del PGC se especifican para cada tipo de elemento los criterios de registro o reconocimiento contable, aquí ya se indican los criterios generales para que puedan ser registrados, que son:

- Que cumplan la definición que hay para ellos, incluida en el punto anterior.
- Que cumplan los criterios de probabilidad en la obtención o cesión de recursos que supongan beneficios o rendimientos económicos.
- Que pueda determinarse su valor con un adecuado grado de fiabilidad.

Criterios de valoración

Se especifican los distintos criterios de valoración para los elementos que integran las cuentas anuales. Valorar no es otra cosa que la asignación de un valor monetario, a efectos de que los distintos elementos estén expresados en términos homogéneos. En la segunda parte del PGC, se especifica para cada elemento qué criterio de valoración ha de usarse.

El más usual de estos criterios es el de coste histórico, por el cual un elemento se valora a su precio de adquisición (lo que se paga por él) o coste de producción (precio de adquisición de materias primas y otros consumibles, más los costes directos e indirectos de producción).

Nota

Otros criterios son: valor razonable, valor neto realizable, valor actual, valor en uso, costes de venta, coste amortizado, costes de transacción atribuibles a un activo o pasivo financiero, valor contable o en libros y valor residual.

Principios y normas de contabilidad generalmente aceptados

Recuérdese que estos principios y normas se vieron anteriormente y hacen referencia al Código de Comercio y demás normas mercantiles, al PGC, al PGC Pymes, a las normas contables del ICAC y al resto de legislación aplicable.

Importante

La aplicación de los principios y normas expuestos deben conducir a reflejar la imagen fiel de la empresa. Para ello, a la hora de registrar una transacción, no se atenderá únicamente a su forma jurídica, sino que también se incidirá en la realidad económica que refleja.

Normas de registro y valoración

Las normas de valoración son de obligado cumplimiento y desarrollan los principios contables y otras disposiciones contenidas en el marco conceptual. Existen 23 normas de valoración para los siguientes elementos:

1. Desarrollo del marco conceptual de la contabilidad.
2. Inmovilizado material.
3. Normas particulares sobre inmovilizado material.
4. Inversiones inmobiliarias.
5. Inmovilizado intangible.
6. Normas particulares sobre el inmovilizado intangible.
7. Activos no corrientes y grupos enajenables de elementos, mantenidos para la venta.
8. Arrendamientos y otras operaciones de naturaleza similar.
9. Instrumentos financieros.
10. Existencias.
11. Moneda extranjera.
12. Impuesto sobre el Valor Añadido (IVA), Impuesto General Indirecto Canario (IGIC) y otros impuestos indirectos.
13. Impuestos sobre beneficios.
14. Ingresos por ventas y prestación de servicios.
15. Provisiones y contingencias.
16. Pasivos por retribuciones a largo plazo al personal.
17. Transacciones con pagos basados en instrumentos de patrimonio.
18. Subvenciones, donaciones y legados recibidos.
19. Combinaciones de negocios.
20. Negocios conjuntos.
21. Operaciones entre empresas del grupo.
22. Cambios en criterios contables, errores y estimaciones contables.
23. Hechos posteriores al cierre del ejercicio.

Cuentas anuales

También de carácter obligatorio, la tercera parte del PGC recoge las normas de elaboración de las cuentas anuales y los modelos de los documentos que conforman las mismas.

Cuadro de cuentas

Esta cuarta parte del PGC no tiene carácter obligatorio para las empresas. En ella se recogen, a título orientativo, los grupos, subgrupos y cuentas comúnmente usados, codificados en forma decimal y con un título expresivo de su contenido. Se verán en detalle más adelante.

Definiciones y relaciones contables

La quinta parte del PGC tampoco tiene carácter obligatorio y en ella se recogen las definiciones y movimientos o transacciones más habituales para cada una de las cuentas descritas en el punto anterior.

Recuerde

En el PGC, el marco conceptual, las normas de valoración y las cuentas anuales (partes 1, 2 y 3) son de obligado cumplimiento, mientras que el cuadro de cuentas y las definiciones y relaciones contables (partes 3 y 4) son opcionales.

6.2. Grupos, subgrupos, cuentas y subcuentas

A efectos de que las cuentas que se usen en la contabilidad estén organizadas siguiendo un orden lógico que permita su fácil localización, estas están clasificadas siguiendo una agrupación en cascada, de modo que desde unos conceptos con características y propiedades similares (los grupos) se puedan ir haciendo divisiones más concretas (los subgrupos), hasta llegar a las cuentas, que son las que se usarán como unidad de medida y representación contable a través de los asientos, como ya se ha visto. Según las necesidades de cada empresa, se pueden crear subcuentas para conseguir un mayor desglose de las cuentas en tantos conceptos como se vea conveniente.

Ejemplo

Se verá más adelante que la cuenta en la que se recoge el saldo con los clientes es la 430. El PGC sugiere un desglose en subcuentas para diferenciar a los clientes en euros (cuenta 4300), los clientes en moneda extranjera (cuenta 4304) y los clientes con facturas pendiente de formalizar (cuenta 4309).

Podría interesar dividir, por ejemplo, los clientes en moneda extranjera para obtener un mayor detalle. Imagínese:

- Cuenta 430401 - Clientes en dólares australianos.
- Cuenta 430402 - Clientes en coronas suecas.
- Etcétera.

Se podría incluso querer tener una cuenta por cada cliente. Imaginando varios clientes que estuviesen dentro de la cuenta de clientes en dólares australianos, podría tenerse:

- Cuenta 430401001 - Cliente número 1 en dólares australianos.
- Cuenta 430401002 - Cliente número 2 en dólares australianos.
- Etcétera.

Se observa que podría seguirse haciendo tantas divisiones como hicieran falta para mostrar la información con el detalle que se quisiera.

Esta forma de organización consigue, además de una fácil localización, que, dentro de la voluntariedad que propone el PGC en este apartado, las cuentas usadas sean lo más homogéneas posible con las utilizadas por el resto de compañías, favoreciendo la comparación de la información financiera.

Recuerde

La cuarta parte del PGC, referida al plan de cuentas, es de carácter voluntario, lo que permitirá la creación de cuentas según la propia conveniencia, utilizando la numeración que el plan de cuentas del PGC no ha usado.

Se comentarán los grupos y se enumerarán los subgrupos, dejando al alumno la revisión de las cuentas que en estos se incluyen mediante el análisis del PGC.

El vigente PGC se compone de 9 grupos. Los 5 primeros grupos contienen cuentas de balance, mientras que los 4 últimos son cuentas de gestión.

Grupo 1. Financiación básica

Según establece el PGC, este grupo "incluye el patrimonio neto y la financiación ajena a largo plazo de la empresa destinados, en general, a financiar el activo no corriente y a cubrir un margen razonable del corriente".

Los subgrupos que contempla el PGC son:

10. Capital.
11. Reservas y otros instrumentos de patrimonio.
12. Resultados pendientes de aplicación.
13. Subvenciones, donaciones y ajustes por cambios de valor.
14. Provisiones.
15. Deudas a largo plazo con características especiales.
16. Deudas a largo plazo con partes vinculadas.
17. Deudas a largo plazo por préstamos recibidos, empréstitos y otros conceptos.
18. Pasivos por fianzas, garantías y otros conceptos a largo plazo.
19. Situaciones transitorias de financiación.

Grupo 2. Activo no corriente

Según establece el PGC, "comprende los activos destinados a servir de forma duradera en las actividades de la empresa, incluidas las inversiones financieras cuyo vencimiento, enajenación o realización se espera habrá de producirse en un plazo superior a un año".

Los subgrupos que contempla el PGC son:

20. Inmovilizaciones intangibles.
21. Inmovilizaciones materiales.
22. Inversiones inmobiliarias.
23. Inmovilizaciones materiales en curso.
24. Inversiones financieras a largo plazo en partes vinculadas.
25. Otras inversiones financieras a largo plazo.
26. Fianzas y depósitos constituidos a largo plazo.
28. Amortización acumulada del inmovilizado.
29. Deterioro de valor de activos no corrientes.

Grupo 3. Existencias

En este grupo, el PGC recoge "activos poseídos para ser vendidos en el curso normal de la explotación, en proceso de producción o en forma de materiales o suministros para ser consumidos en el proceso de producción o en la prestación de servicios."

Los subgrupos que contempla el PGC son:

30. Comerciales.
31. Materias primas.
32. Otros aprovisionamientos.
33. Productos en curso.
34. Productos semiterminados.
35. Productos terminados.
36. Subproductos, residuos y materiales recuperados.
39. Deterioro de valor de las existencias.

Grupo 4. Acreedores y deudores por operaciones comerciales

En este grupo, el PGC recoge "los instrumentos financieros y cuentas que tengan su origen en el tráfico de la empresa, así como las cuentas con las Administraciones Públicas, incluso las que correspondan a saldos con vencimiento superior a un año".

Los subgrupos que contempla el PGC son:

40. Proveedores.
41. Acreedores varios.
43. Clientes.
44. Deudores varios.
46. Personal.
47. Administraciones Públicas.
48. Ajustes por periodificación.
49. Deterioro de valor de créditos comerciales y provisiones a corto plazo.

Grupo 5. Cuentas financieras

Según establece el PGC, "comprende los instrumentos financieros por operaciones no comerciales, es decir, ajenas al tráfico, cuyo vencimiento, enajenación o realización se espera habrá de producirse en un plazo no superior al año. También recoge los medios líquidos disponibles".

Los subgrupos que contempla el PGC son:

50. Empréstitos, deudas con características especiales y otras emisiones análogas a corto plazo.
51. Deudas a corto plazo con partes vinculadas.
52. Deudas a corto plazo por préstamos recibidos y otros conceptos.
53. Inversiones financieras a corto plazo en partes vinculadas.
54. Otras inversiones financieras a corto plazo.
55. Otras cuentas no bancarias.
56. Fianzas y depósitos recibidos y constituidos a corto plazo y ajustes por periodificación.
57. Tesorería.
58. Activos no corrientes mantenidos para la venta y activos y pasivos asociados.
59. Deterioro del valor de inversiones financieras a corto plazo y de activos no corrientes mantenidos para la venta.

Grupo 6. Compras y gastos

En este grupo, el PGC incluye "los aprovisionamientos de mercaderías y demás bienes adquiridos por la empresa para revenderlos, bien sea sin alterar su forma y sustancia, o previo sometimiento a procesos industriales de adaptación, transformación o construcción. Comprende también todos los gastos del ejercicio, incluidas las adquisiciones de servicios y de materiales consumibles, la variación de existencias adquiridas y otros gastos y pérdidas del ejercicio."

Nota

Esta forma de organización consigue una fácil localización de las cuentas y que sean usadas de forma homogénea, favoreciendo la comparación de la información financiera.

Los subgrupos que contempla el PGC son:

60. Compras.
61. Variación de existencias.
62. Servicios exteriores.
63. Tributos.
64. Gastos de personal.
65. Otros gastos de gestión.
66. Gastos financieros.
67. Pérdidas procedentes de activos no corrientes y gastos excepcionales.
68. Dotaciones para amortizaciones.
69. Pérdidas por deterioro y otras dotaciones.

Grupo 7. Ventas e ingresos

En este grupo, el PGC recoge "la enajenación de bienes y prestación de servicios que son objeto del tráfico de la empresa, incluyendo también otros ingresos, variación de existencias y beneficios del ejercicio".

Los subgrupos que contempla el PGC son:

70. Ventas de mercaderías, de producción propia, de servicios, etcétera.
71. Variación de existencias.
73. Trabajos realizados para la empresa.
74. Subvenciones, donaciones y legados.
75. Otros ingresos de gestión.
76. Ingresos financieros.
77. Beneficios procedentes de activos no corrientes e ingresos excepcionales.
79. Excesos y aplicaciones de provisiones y de pérdidas por deterioro.

Grupo 8. Gastos imputados al patrimonio neto

Comprende aquellos gastos que según la normativa aplicable deben imputarse contra el patrimonio neto directamente, en vez de a la cuenta de pérdidas y ganancias.

Los subgrupos que contempla el PGC son:

80. Gastos financieros por valoración de activos y pasivos.
81. Gastos en operaciones de cobertura.
82. Gastos por diferencias de conversión.
83. Impuesto sobre beneficios.
84. Transferencias de subvenciones, donaciones y legados.
85. Gastos por pérdidas actuariales y ajustes en los activos por retribuciones a largo plazo de prestación definida.
86. Gastos por activos no corrientes en venta.
89. Gastos de participaciones en empresas del grupo o asociadas con ajustes valorativos positivos previos.

Grupo 9. Ingresos imputados a patrimonio neto

Comprende aquellos ingresos que según la normativa aplicable deben imputarse contra el patrimonio neto directamente, en vez de a la cuenta de pérdidas y ganancias.

Los subgrupos que contempla el PGC son:

90. Ingresos financieros por valoración de activos y pasivos.
91. Ingresos en operaciones de cobertura.
92. Ingresos por diferencias de conversión.
94. Ingresos por subvenciones, donaciones y legados.
95. Ingresos por ganancias actuariales y ajustes en los activos por retribuciones a largo plazo de prestación definida.
96. Ingresos por activos no corrientes en venta.
99. Ingresos de participaciones en empresas del grupo o asociadas con ajustes valorativos negativos previos.

Si bien los expuestos son los grupos y subgrupos que el PGC contempla para las empresas en general, las adaptaciones sectoriales, por las características especiales que presentan los negocios para los que se desarrollan, presentan un esquema distinto de subgrupos y cuentas.

Siempre que se esté estudiando o haciendo contabilidad, es conveniente tener al lado el plan de contabilidad que sirva de base y consulta de cualquier duda que pueda surgir.

7. Amortización y provisión

Se ha visto que, al finalizar el ejercicio contable, se realiza el proceso de regularización para poder obtener el resultado que la empresa ha obtenido, pero, a la hora de obtener el resultado, deben además realizarse unos ajustes que influirán en él y que, a pesar de no corresponderse con operaciones propiamente dichas, es necesario contemplar en la contabilidad para que esta muestre la imagen fiel de la empresa. Son las amortizaciones y las provisiones.

7.1. Amortización

La amortización es el proceso de distribución en el tiempo del coste de un inmovilizado. Esta es la que se conoce como amortización contable.

Nota

También existe la amortización financiera, que se refiere a la devolución fraccionada de un capital obtenido en forma de préstamo. Este capítulo se refiere a la amortización contable.

La amortización se basa en la idea de imputar a cada ejercicio económico la parte correspondiente y proporcional de gasto del inmovilizado en función de su uso o depreciación, el tiempo en que se espera que este será de utilidad (lo que se conoce como su vida útil) u otro criterio financiero justificado.

Sabía que...

A la amortización contable también se le conoce como amortización técnica, amortización económica o depreciación.

La amortización se soporta en los siguientes fundamentos:

- Necesidad de que exista una correlación entre los gastos y los ingresos del ejercicio a la hora de determinar su resultado.

- Depreciación que sufre el bien, motivada por:
  - El simple paso del tiempo.
  - Por su uso en la actividad productiva.

No hay que confundir la amortización (o depreciación) con deterioro. Mientras que el primer término hace referencia al desgaste sistemático del bien por su utilización, el segundo se relaciona con la pérdida de valor del bien.

Ejemplo

Supóngase que se compra una maquinaria que va a ser utilizada durante 10 años para fabricar los productos que la empresa vende. La máquina ha costado 200.000 €. Sería ilógico que si se va a usar la máquina durante 10 años, todo su coste se imputara al ejercicio en el que se compra (el primero), ya que eso supondría soportar en ese primer ejercicio mucho más coste de lo que realmente corresponde, perjudicando los resultados. Si la máquina se va a usar durante 10 años, lo normal es usar un criterio que permita distribuir su coste en este tiempo.

Considerando que se va a "usar" la misma cantidad de máquina en cada uno de los años, se imputaría a cada ejercicio la siguiente cantidad:

Coste anual = coste total / número años = 200.000 / 10 = 20.000 € / año

De esta manera, cuando se realice la compra de un inmovilizado que se pretende amortizar durante un periodo determinado de tiempo, no podrá contabilizarse contra una cuenta del grupo 6 (compras y gastos), ya que esto haría que todo el coste se imputara al ejercicio en el que se compra.

En estos casos, el inmovilizado en cuestión se registrará, en función de lo que se trate, en una cuenta del grupo 2 (activo no corriente), reflejándose así en el balance.

Pero también resulta evidente que ha habido un coste y que esto debe afectar a la cuenta de resultados. ¿Cómo se realiza entonces?

Una vez reflejado en el balance, se irá llevando el coste a la cuenta de resultados, de forma proporcional, a través de los asientos de amortización, reflejando así la parte proporcional del coste que debe imputarse en el ejercicio.

A continuación, se va ver un ejemplo en el que se harán las anotaciones contables del ejemplo anterior.

Ya se determinó que la compra del bien era de 200.000 €, su vida útil 10 años y la cuota de amortización anual 20.000 €.

A la hora de comprar el bien, en el primer año, se realizaría el siguiente asiento:

Cuenta		Descripción	Debe (EUR)	Haber (EUR)
213	Maquinaria	Compra maquinaria	200.000,00	
523	Proveedores Inm. C/P	Compra maquinaria		200.000,00

Se observa que aquí se han usado únicamente cuentas de balance, por lo que el resultado está intacto.

Al final de cada uno de los 10 años, se haría el siguiente asiento contable:

Cuenta		Descripción	Debe (EUR)	Haber (EUR)
681	Amort. Inm. Mat.	Amortización maquinaria	20.000,00	
281	Amort. Acum. Inm. Mat.	Amortización maquinaria		20.000,00

Al final del primer año. ¿Qué situación se tendría?

Los saldos serían:

- Maquinaria: + 200.000 (saldo deudor), lo que indica, al estar en el balance, en el activo, que se tiene en posesión dicha maquinaria.
- Proveedores de inmovilizado a corto plazo: - 200.000 (saldo acreedor), reflejando la deuda que hay que pagar al proveedor por la compra de la maquinaria.
- Amortización inmovilizado material (681): + 20.000 (saldo deudor). Esta es una cuenta de gestión que va directamente a resultados, suponiendo un gasto (por la parte proporcional de consumo estimado de la maquinaria adquirida) que se lleva a resultados en ese periodo económico.
- Amortización acumulada inmovilizado material (281): - 20.000 (saldo acreedor). Esta es una cuenta de corrección valorativa del activo en cuestión, de modo que debe tenerse en cuenta junto a la cuenta del inmovilizado que se amortiza. En este caso, el valor neto del inmovilizado sería:

Maquinaria – Amort. Acumul. = 200.000 – 20.000 = 180.000 €

Si se hace el mismo asiento durante los 10 años, se verá que el saldo de la cuenta de amortización acumulada iguala al precio por el que se adquirió el bien, siendo así su valor neto en ese momento igual a cero. El bien estaría totalmente amortizado.

7.2. Provisión

El otro tipo de ajustes que la empresa realizará antes de cerrar el año son las provisiones.

Siguiendo la necesidad de que los gastos e ingresos tengan una correlación a la hora de hallar el resultado del periodo y en virtud del principio contable de prudencia y la idea de reflejar la imagen fiel del patrimonio de la empresa, deberán reconocerse los gastos tan pronto se tenga conocimiento de su existencia, aunque no se hayan realizado aún.

Definición

Provisión
Instrumento con el que se registran en los estados contables situaciones futuras que, constituyendo auténticas obligaciones de pago, presentan un grado determinado de incertidumbre en cuanto al importe del desembolso que exigirá o en el tiempo que queda hasta su vencimiento.

Para poder registrar una provisión, deben cumplirse las siguientes circunstancias:

- Que exista una probabilidad alta de que el hecho ocurra.
- Que este hecho genere una salida de recursos en el momento en que se produzca.
- Que el importe de la salida de recursos sea estimable de forma fiable.

Con las provisiones, se consigue realizar una imputación temporal lógica y organizada de gastos futuros previstos, de modo que los resultados de los distintos periodos muestren la realidad de lo acontecido en él.

Ejemplo

Imagínese que una empresa ha sido demandada por no haber acabado bien un trabajo realizado en este ejercicio, solicitándole la empresa demandante 500.000 €.

La empresa demandada consulta con abogados y peritos y estima que, a consecuencia de la demanda interpuesta, tendrá que pagar 100.000 €.

El futuro pago, que se estima como cierto pero no se sabe cuándo se realizará (tendrá que celebrarse el juicio y que se dicte sentencia), al ser un hecho conocido a día de hoy y aunque aún no se haya producido la salida de los recursos de la empresa, genera la necesidad de dotar una provisión que recoja esta situación en los estados contables de la empresa, afectando concretamente la cuenta de resultados.

Contablemente, las provisiones se registran generalmente de la siguiente manera:

- A la dotación de la provisión (cuando se realiza):
  - Cargo a la cuenta 695.
  - Abono a una cuenta de provisiones (subgrupos 14 y cuentas 499 y 529).
- Cuando se aplica la provisión:
  - Cargo de las cuentas de provisión (subgrupo 14 y cuentas 499 y 529).
  - Abono generalmente al subgrupo 57 o la cuenta 795 cuando se produce un exceso de provisión (cuando el hecho que soporta la provisión acontece y el importe es menor que el estimado).

Nota

En términos contables, a realizar una provisión se le llama "dotar una provisión", y el uso de esta se conoce como "aplicar la provisión".

Aplicación práctica

El señor Ramírez, responsable de contabilidad de su empresa, tras elaborar y presentar las cuentas anuales, se da cuenta de que no se incluyó una provisión que según las normas del PGC debería haberse contabilizado en este ejercicio.

¿Qué consecuencias tiene sobre los resultados de su empresa ese despiste?

SOLUCIÓN

Como se ha visto, la provisión supone el reconocimiento de un gasto en el periodo, relativo a un hecho del que se tiene cierta incertidumbre sobre su importe o momento en el que generará la salida de recursos de la empresa.

Al ser un gasto, afecta directamente los resultados de la empresa. Al no haberlo tenido en cuenta en este periodo, cuando correspondía registrarlo, habrá menos gastos en la cuenta de resultado del ejercicio, con lo cual el resultado será mayor que el que debería ser. Sin embargo, hay que ser consciente que ese gasto vendrá en el futuro y minorará el resultado del periodo en que se registre.

7.3. Diferencia entre amortización y provisión y deterioro

Cuando hay alguna situación de carácter tecnológico, comercial o de otra índole, que hace que el valor de los activos se vea mermado, se trata de un caso de deterioro. Como se reconoce que el valor de los activos es menor, hay que hacer una corrección de valor aplicando los criterios del deterioro.

Si bien a simple vista los términos amortización, provisión y deterioro parecen iguales, son completamente distintos.

En primer lugar, la filosofía que encierra cada término es diferente. Si bien la amortización supone la imputación de la parte proporcional del coste del bien al ejercicio en cuestión, llevando asociada una pérdida de valor de este por el uso o paso del tiempo, el deterioro refleja una pérdida de valor por circunstancias totalmente ajenas a la vida normal del bien, y la provisión se relaciona con un posible gasto futuro pero incierto.

También cabe mencionar que, si bien en las provisiones la palabra "riesgo" se constituye como uno de sus pilares, ya que se basan en el registro de un hecho con factores que tienen cierta incertidumbre, la amortización se basa en una situación constante y que se da con seguridad. Otra diferencia es que las provisiones y los deterioros son reversibles si el hecho que las motiva deja de existir, mientras que la depreciación de los bienes registrados por la amortización por su uso o paso del tiempo no pueden volverse atrás.

Nota

Otra diferencia que cabe destacar es que mientras las amortizaciones se aplican a los inmovilizados y a las inversiones inmobiliarias, las provisiones y los deterioros tienen una aplicación mucho más amplia.

Por todo ello, se está hablando de términos con ciertas similitudes en su comportamiento, pero totalmente distintos.

7.4. Tipos de amortizaciones: amortización lineal

Para entender los tipos de amortizaciones, es necesario definir algunos conceptos:

- **Valor de adquisición del activo:** es el valor por el que se compra el elemento que se amortizará.
- **Vida útil:** es el número de años de duración del activo, durante el cual se estima que podrá usarse.
- **Valor residual:** es el valor que se calcula tendrá el activo al final de su vida útil.
- **Valor amortizable:** es la diferencia entre al valor de adquisición y el valor residual.
- **Valor neto contable:** es la diferencia entre el valor de adquisición y el valor amortizado hasta la fecha en que se calcula.

Dentro de las distintas opciones que se disponen, se elegirá el método de amortización que más se adapte al reflejo de pérdida de valor que realmente sufre el bien.

Es posible considerar los siguientes métodos:

Método del porcentaje constante

Este método supone ir aplicando un porcentaje sobre el valor neto contable del activo, obteniendo de este modo cuotas de amortización decrecientes.

$$\text{Cuota amortización} = \%\ \text{determinado} \times \text{Valor neto contable}$$

Método de los números dígitos

En este método, las cuotas de amortización anuales están en proporción a la serie de números naturales. Se puede considerar el método de forma creciente, de la siguiente manera:

Año	Números dígitos	Cuota anual de amortización
1	1	Valor amortizable x 1 /10
2	2	Valor amortizable x 2 /10
3	3	Valor amortizable x 3 /10
4	4	Valor amortizable x 4 /10
Total	10 (1 + 2 + 3 + 4)	

También se puede considerar este método de forma decreciente, obteniendo cuotas cada vez menores, de la siguiente manera:

Año	Números dígitos	Cuota anual de amortización
1	4	Valor amortizable x 4 /10
2	3	Valor amortizable x 3 /10
3	2	Valor amortizable x 2 /10
4	1	Valor amortizable x 1 /10
Total	10 (4 + 3 + 2 + 1)	

Método basado en la actividad

En este método, la cuota de amortización se halla en función de las horas de trabajo o de las unidades producidas.

Nota

Es muy adecuado en actividades en que temporalmente se doblan turnos, ya que en esos momentos los activos, por su mayor uso, tienen un mayor desgaste.

La cuota se calcula de la siguiente manera:

Cuota = (Valor amortizable x Horas trabajadas al año) / Total horas de vida útil

Método lineal o constante

Con este método, la dotación a la amortización será igual para cada año. Es el método más simple.

Nota

Normalmente, salvo situaciones muy específicas en que haya otro método que recoja con bastante exactitud la pérdida de valor del activo a amortizar, este es el método que suele utilizarse.

La cuota de amortización anual se calcula:

Cuota anual = valor amortizable / vida útil

Aplicación práctica

Una empresa compra una máquina para realizar unos trabajos que durarán tres años. Es una máquina muy específica y se sabe que al final de los trabajos estará casi inservible. La máquina tiene un coste de 45.000 €.

¿Cree conveniente amortizarla o la llevaría directamente a resultados? Si la amortizara, ¿cuánto imputaría cada año?

SOLUCIÓN

Si bien es cierto que, en ciertas ocasiones, por ser importes muy pequeños, llevar directamente a resultados o amortizar no supone grandes diferencias en la cuenta de resultados, la posición inicial debe ser siempre la de amortizar la máquina en los periodos en que va a ser usada para la generación de ingresos, imputando a cada año la parte proporcional de coste por su uso, por lo que sí se decidiría amortizarla.

Al no tener información adicional ni conocimiento de que el bien se va a depreciar más en unos momentos que en otros, se usará el método de amortización constante.

Se sabe que el valor de adquisición es 45.000 €, el valor residual 0, y la vida útil 3 años. Aplicando la fórmula, se obtiene la amortización anual:

Cuota anual = 45.000 / 3 = 15.000 €

7.5. Tipos de provisiones

En este punto, se verán las provisiones que contempla el PGC vigente. Son las siguientes:

- **Provisión por retribuciones a largo plazo al personal:** recoge las obligaciones legales, contractuales e implícitas con el personal de la empresa sobre las que existe incertidumbre acerca de su cuantía o vencimiento.

- **Provisión para impuestos:** recoge el importe estimado de deudas tributarias cuyo pago está indeterminado en cuanto a su importe exacto o a la fecha en que se producirá.
- **Provisión para otras responsabilidades:** se usa para recoger pasivos no financieros surgidos por obligaciones de cuantía indeterminada no recogidas de forma específica en el resto de tipos de provisiones.
- **Provisión por desmantelamiento, retiro o rehabilitación del inmovilizado:** es el importe estimado de los costes de desmantelamiento o retiro del inmovilizado, así como la rehabilitación del lugar sobre el que se asienta.
- **Provisión para actuaciones medioambientales:** recoge las obligaciones legales, contractuales o implícitas de la empresa de cuantía indeterminada, para prevenir o reparar daños sobre el medioambiente.
- **Provisión para reestructuraciones:** importe estimado de los costes de una futura reestructuración.
- **Provisión por transacciones con pagos basados en instrumentos de patrimonio:** importe estimado de la obligación para la empresa a consecuencia de una transacción con pagos basados en instrumentos de patrimonio.
- **Provisiones por operaciones comerciales:** sirven para el reconocimiento de obligaciones presentes derivadas del tráfico comercial de la empresa.

Ejemplo

Ejemplos de provisiones para otras responsabilidades son los litigios en curso, indemnizaciones u obligaciones de avales, etc.

Aplicación práctica

Una empresa recibe información de que los trabajadores de su principal cliente no están recibiendo sus salarios durante los últimos tres meses. La empresa, preocupada,

Continúa en página siguiente >>

<< Viene de página anterior

decide consultar el saldo que presenta la cuenta de su cliente y observa que su saldo está anormalmente alto para lo que viene siendo habitual en ellos.

¿Cree usted que sería necesario hacer alguna anotación contable en función de la nueva información que acaban de recibir sobre su cliente?

SOLUCIÓN

A la vista de la información sobre el cliente, parece ser que está pasando por dificultades. Lo más sensato sería esperar a final de año y, si por entonces la situación es la misma, podría pensarse en el riesgo de que el cliente entrara en suspensión de pagos, con lo cual podría no cobrarse la totalidad de la deuda. Considerado el hecho como razonablemente viable, podría dotarse una provisión por operaciones comerciales por el importe que se estime podría dejar de cobrarse.

---

8. Periodificación de gastos e ingresos

Siguiendo los textos legales, las empresas están obligadas a dividir su vida en periodos contables, que, por regla general, coinciden con el año natural. Esto lleva a que los estados contables y cuentas anuales se elaboren para este periodo de tiempo.

A la hora de calcular el resultado de un ejercicio, se tendrán en cuenta los gastos y los ingresos que pertenecen a él y esto que, a primera vista parece muy sencillo, puede suponer situaciones más complejas que se deban tratar en detalle.

A continuación, se va a exponer el siguiente ejemplo:

Supóngase que se tiene un seguro que se paga anualmente. Si se contrata ese seguro el día 1 de enero, no habría ningún problema, ya que se pagaría ese día y el gasto asociado a ese pago se imputaría completamente a ese periodo. Pero, ¿qué pasaría si se contratara el seguro el 1 de octubre? Ese día, 1 de octubre, se pagaría la totalidad del seguro, pero no podría imputarse todo el gasto al periodo, ya que el seguro cubre de octubre a octubre, un año, por lo que el gasto se devenga parcialmente en el ejercicio en el que se está y el resto deberá imputarse al siguiente periodo.

Siguiendo con el ejemplo, supóngase que el seguro que se contrata el 1 de octubre y que cubre un periodo de un año tiene un coste de 900 €.

¿Cómo se reflejaría contablemente esta operación, de forma que se imputara correctamente el gasto que corresponde al ejercicio en curso?

Si el coste anual es 900 €, la parte proporcional para un mes seria 75 € (900 / 12 meses).

Desde el 1 de octubre al 31 de diciembre hay tres meses, por lo que en el ejercicio en curso deberá imputarse el coste correspondiente a este periodo de tiempo, es decir:

3 meses x 75 euros/mes = 225 €

El resto hasta los 900 € (675 €) deberá llevarse a resultados en el ejercicio siguiente.

Se contabilizaría entonces el siguiente asiento:

Fecha	Núm. Cuenta	Nombre cuenta	Debe (EUR)	Haber (EUR)
01/10/XX	625	Primas de seguros	225,00	
	480	Gastos anticipados	675,00	
	410	Acreedores prest. serv.		900,00

Se ve que para la parte de gasto que se quiere imputar en el siguiente ejercicio se ha usado una cuenta de periodificación, la cuenta 480 de gastos anticipados, que, evidentemente, es una cuenta de balance y, por lo tanto, no afecta al resultado.

En el periodo siguiente, cuando se quiera imputar el gasto, se realizaría el siguiente asiento:

Fecha	Núm. Cuenta	Nombre cuenta	Debe (EUR)	Haber (EUR)
01/01/XX+1	625	Primas de seguros	675,00	
	480	Gastos anticipados		675,00

La periodificación consiste en la realización de los ajustes necesarios para conseguir una correcta imputación de gastos e ingresos, motivados por el desfase que pueda existir en la fecha de devengo de algunas operaciones y las fechas de cierre de las empresas.

Se usará el subgrupo 48 del PGC (ajustes por periodificación) para la realización de estos ajustes, que incluye además de la cuenta 480, la 485 ingresos anticipados.

Importante

No debe identificarse como una situación que requiere necesariamente un ajuste por periodificación cuando se realiza un pago y no ha llegado la factura del proveedor, ya que, en este caso, si hay que cerrar el año, se haría una provisión por la factura, que se cancelaría en el periodo siguiente, una vez recibida. Lo importante a la hora de ver si es necesario o no un ajuste por periodificación es la consideración de cuándo se devenga el coste.

9. Cierre y apertura de la contabilidad

Como ya se ha visto, la vida de las empresas se divide en periodos contables, que pueden no coincidir con los años naturales.

Delimitado estos periodos, habrá que abrir y cerrar la contabilidad, de modo que se establezcan unas fechas de corte que valgan para elaborar la información económico-financiera que las empresas deben preparar.

Como ya se ha esbozado, la apertura y cierre de contabilidad se hace a través de asientos contables en el libro diario, de la siguiente manera:

- **Asiento de apertura:** se realiza al comienzo del ejercicio económico, recogiendo la situación económica y financiera de una empresa a través de los saldos que presenten los elementos patrimoniales que la integren. Se corresponde, en sentido inverso, con el asiento de cierre del ejercicio anterior.
- **Asiento de cierre:** es aquel que se hace al finalizar el ejercicio económico y que consiste en saldar y cerrar las cuentas del balance que tengan saldo. De este modo, se abonarán las cuentas que tengan saldo deudor (por el mismo importe del saldo) y se cargarán las cuentas de saldo acreedor (por el mismo importe del saldo). Invirtiendo el sentido de los cargos y abonos realizados, se tendrá el asiento de apertura del siguiente ejercicio.

Nota

Los asientos de apertura y cierre no recogen transacciones que se hayan realizado, sino que son asientos de carácter técnico de los que las empresas se valen para delimitar en sus libros y programas el comienzo y fin de sus periodos contables.

10. Realizar un ciclo contable básico completo

En este apartado, se realizará un ejemplo que incluirá todo el proceso a seguir por una empresa dentro de un ejercicio, que es lo que se conoce como ciclo contable.

Antes de comenzar con el ejemplo, conviene resumir los pasos que conlleva el ciclo contable:

1. Balance de situación inicial de la empresa, valorando la situación patrimonial en ese momento.
2. Apertura de la contabilidad, a través del asiento de apertura.
3. Registro de las operaciones llevadas a cabo durante el periodo en el libro diario.
4. Transcripción de las operaciones registradas en el libro diario al libro mayor (recuérdese que esto es opcional, pero muy recomendable).
5. Realización de las periodificaciones y ajustes pertinentes (gastos e ingresos diferidos, amortizaciones, provisiones).
6. Regularización y cálculo del resultado contable.
7. Cierre de la contabilidad, a través del asiento de cierre.
8. Elaboración del balance de situación final.

10.1. Ciclo contable básico completo

Supóngase una empresa con el siguiente balance a día 01/01/20X2:

ACTIVO		PASIVO Y PATRIMONIO NETO	
Clientes	1.500,00	Capital	3.000,00
Bancos	6.400,00	Proveedores	4.900,00
TOTAL	7.900,00	TOTAL	7.900,00

Sus operaciones durante el año han sido las siguientes:

1. Realiza ventas a crédito por importe de 8.000 €.
2. Paga nóminas por importe de 3.500 €.
3. El 31/03/20X2, compra a crédito una maquinaria por importe de 10.000 €. Se estima que su vida útil son 4 años, siendo su valor residual al final de estos insignificante.
4. Cobra la deuda de sus clientes que arrastra del año anterior y el 90 % de las ventas realizadas en el punto 1.
5. Realiza compras a crédito a sus proveedores por importe de 3.500 €.
6. El 31/07/X2 contrata un seguro que tiene validez de un año y que paga al contado. Su coste es de 800 €.
7. Se paga la mitad de la deuda viva con los proveedores.
8. Se paga el 20 % de la maquinaria comprada en el punto 3.

Además, se sabe que, en diciembre, un trabajador demanda a la empresa, estimando el abogado que habrá que pagarle 1.300 €.

Asiento de apertura

Atendiendo al balance de situación de la empresa a principios del año, el asiento de apertura que se realizará el 1 de enero de 20X2 es el siguiente:

Cuenta		Descripción	Debe (EUR)	Haber (EUR)
430	Clientes	Asiento apertura	1.500,00	
572	Bancos	Asiento apertura	6.400,00	
100	Capital	Asiento apertura		3.000,00
400	Proveedores	Asiento apertura		4.900,00

Operaciones realizadas en el año. Libro diario

En el libro diario, se registrarán los asientos de las operaciones llevadas a cabo por la empresa. Para las transacciones descritas, se realizarán las siguientes anotaciones:

Operac.	Cuenta		Descripción	Debe (EUR)	Haber (EUR)
1	70 430	Ventas Clientes	Ventas a crédito Ventas a crédito	 8.000,00	8.000,00
2	640 572	Sueldos y salarios Bancos	Pago a trabajadores Pago a trabajadores	3.500,00	 3.500,00
3	213 523	Maquinaria Proveedores de inmovilizado a corto plazo	Compra maquin. crédito Compra maquin. crédito	10.000,00	 10.000,00
4	572 430	Bancos Clientes	Cobro deudas Cobro deudas *(1.500 euros del año anterior + 7.200 euros que son el 90% de los 8.000 del año en curso)*	8.700,00	 8.700,00
5	60 400	Compras Proveedores	Compras a crédito Compras a crédito	3.500,00	 3.500,00
6	625 572	Primas de seguro Bancos	Seguro anual Seguro anual *(Se contabiliza todo el seguro como gasto, pero como parte se devenga el periodo siguiente, se hará un posterior ajuste por periodificación)*	800,00	 800,00

Continúa en página siguiente >>

<< Viene de página anterior

Operac.	Cuenta		Descripción	Debe (EUR)	Haber (EUR)
7	400 572	Proveedores Bancos	Pago a proveedores Pago a proveedores *(Analizando el mayor, la deuda viva son 8.400 euros, 4.900 del año antrior y 3.500 de las compras del actual)*	4.200,00	 4.200,00
8	523 572	Proveedores de inmovilizado a corto plazo Bancos	Pago 20 % maquinaria Pago 20 % maquinaria *(20 % 10.000 euros = 2.000 euros)*	2.000,00	 2.000,00

Periodificaciones y ajustes

En el ejemplo, habrá que hacer tres operaciones en este apartado.

Ajuste por periodificación del seguro

En primer lugar, como se ha comentado a la hora de contabilizar el seguro que se ha contratado, habrá que determinar qué parte se debe imputar a este año y cuál al siguiente, en función del devengo, realizando el ajuste por periodificación oportuno.

El seguro es anual y su coste es 800 €. Se contrata el 31/07/X2, por lo que de los 12 meses de vigencia, solo 5 meses (de agosto a diciembre) serán imputables a este ejercicio.

De este modo, el coste a imputar a este ejercicio sería:

(800 € / 12 meses) x 5 meses = 333,34 €

La parte a imputar al siguiente ejercicio sería la correspondiente a los otros 7 meses, que sería de enero a julio de 20X3:

(800 € / 12 meses) x 7 meses = 466,66 €

La suma de ambos importes es el total del seguro:

333,34 € + 466,66 euros = 800 €

Este es el importe que debe ajustarse para que el gasto, en vez de en este periodo, se impute al siguiente. Para ello, se abonará la cuenta de gastos que se ha usado por el importe a ajustar, cargando la cuenta de gastos anticipados, de la siguiente manera:

Cuenta		Descripción	Debe (EUR)	Haber (EUR)
625	Primas de seguro	Ajuste periodif. Seguro		466,66
480	Gastos anticipados	Ajuste periodif. Seguro	466,66	

Provisión por la demanda del trabajador

La situación de la demanda del trabajador, basándose en la opinión del abogado, hace recomendable hacer una provisión. Se realizaría el siguiente asiento creando una nueva cuenta de gasto para reflejarla:

Cuenta		Descripción	Debe (EUR)	Haber (EUR)
646	Reclamaciones personal	Reclamación trabajador	1.300,00	
142	Provisión otras responsabilidades	Reclamación trabajador		1.300,00

Amortización de la nueva maquinaria

Por defecto, se utilizará el método de amortización lineal o constante.

Se tiene la siguiente información:

- Valor adquisición = 10.000 €.
- Valor residual = 0 €.
- Valor amortizable = valor adqu. – valor residual = 10.000 €.
- Vida útil = 4 años.
- Cuota anual de amortización = 10.000 / 4 = 2.500 € año.

Como la maquinaria se compra el 31 de marzo, en el ejercicio en curso habrá que imputar el coste por amortización para los meses que van desde abril a diciembre, es decir, 9 meses.

Para ello, se harán los siguientes cálculos:

Cuota amortización mensual = 2.500 € / 12 meses = 208,33 €/mes

Para los 9 meses, el coste por amortización será:

9 x 208,33 = 1.874,97 €

Se realizará entonces el siguiente asiento:

Cuenta		Descripción	Debe (EUR)	Haber (EUR)
681	Amort. Inmov. Mat.	Amortización maquin.	1.874,97	
281	Amort. Acum. Inm. Mat.	Amortización maquin.		1.874,97

Libro mayor

Las anotaciones en el libro mayor, con sus saldos pertinentes, serían las siguientes:

DEBE	100-Capital	HABER
		3.000,00
		3.000,00

DEBE	400-Proveed.	HABER
4.200,00		4.900,00 3.500,00
		4.200,00

DEBE	430-Clientes	HABER
1.500,00 8.000,00		8.700
800,00		

DEBE	572-Bancos	HABER
6.400,00 8.700,00		3.500,00 800,00 4.200,00 2.000,00
4.600,00		

DEBE	70-Ventas	HABER
		8.000,00
		8.000,00

DEBE	640-Sueldos y Sal.	HABER
3.500,00		
3.500,00		

DEBE	213-Maquinaria	HABER
10.000,00		
10.000,00		

DEBE	523-Proveed. Inmov. c/p	HABER
2.000,00		10.000,00
		8.000,00

DEBE	60-Compras	HABER
3.500,00		
3.500,00		

DEBE	625-Primas seguro	HABER
800,00		466,66
333,34		

DEBE	646-Recl. Personal	HABER
1.300,00		
1.300,00		

DEBE	142-Prov. Respons.	HABER
		1.300,00
		1.300,00

DEBE	480-Gastos anticipados	HABER
466,66		
466,66		

DEBE	681-Amort. Inm. Mat	HABER
1.874,97		
1.874,97		

DEBE	281. A.A. Inm. Mat	HABER
		1.874,97
		1.874,97

Nota

Se recomienda estudiar cada operación en particular antes de su contabilización, analizando su corriente económica y financiera, y el fondo real que encierra, de modo que se realice el asiento correspondiente atendiendo a su naturaleza y mostrando la situación que genera en la empresa.

En este punto, podía ser muy interesante la realización de un balance de comprobación o de sumas y saldos, ya que verificaría que no se han cometido errores aritméticos a la hora realizar los asientos. Usando el modelo y procedimiento que se ha aprendido, se obtendría lo siguiente:

	Movimientos		**Saldo**	
Cuenta	**Debe**	**Haber**	**Deudor**	**Acreedor**
100-Capital		3.000,00		3.000,00
142-Provisión respons.		1.300,00		1.300,00
213-Maquinaria	10.000,00		10.000,00	
281-Amort. A. Inm. Mat		1.874,97		1.874,97
400-Proveedores	4.200,00	8.400,00		4.200,00
430-Clientes	9.500,00	8.700,00	800,00	
480-Gastos anticipados	466,66		466,66	
523-Prov. Inm. c/p	2.000,00	10.000,00		8.000,00
572-Bancos	15.100,00	10.500,00	4.600,00	
60-Compras	3.500,00		3.500,00	
625-Primas seguro	800,00	466,66	333,34	
640-Sueldos y salarios	3.500,00		3.500,00	
646-Recl. Personal	1.300,00		1.300,00	
681-Amort. Inm. Mat	1.874,97		1.874,97	
70-Ventas		8.000,00		8.000,00
TOTAL	52.241,63	52.241,63	26.374,97	26.374,97

Regularización y cálculo del resultado contable

Siguiendo el método aprendido, se realizaría el asiento correspondiente al proceso de regularización, saldando las cuentas de los grupos 6 y 7 y obteniendo por diferencia el resultado del ejercicio.

El asiento sería el siguiente:

Cuenta		Descripción	Debe (EUR)	Haber (EUR)
60	Compras	Regularización		3.500,00
625	Primas seguro	Regularización		333,34
640	Sueldos y salarios	Regularización		3.500,00
646	Recl. Personal	Regularización		1.300,00
681	Amort. Inm. Mat.	Regularización		1.874,97
70	Ventas	Regularización	8.000,00	
129	Resultado del ejercicio	Regularización	2.508,31	

El saldo deudor de la cuenta 129 (resultado del ejercicio) indica que la empresa ha tenido pérdidas. Fácilmente, se puede observar que la suma de los saldos de las cuentas del grupo 7 (ingresos) son menores que la suma de los saldos de las cuentas del grupo 6 (gastos), generando el resultado negativo de 2.508,31 €.

Si se traspasan las anotaciones del asiento de regularización al libro mayor, se observa que las cuentas de los grupos 6 y 7 quedan saldadas (su saldo será 0), creándose por la diferencia una cuenta de balance que recoge el resultado del año (cuenta 129, resultado del ejercicio). Quedarían del siguiente modo:

DEBE	70-Ventas	HABER
8.000,00		8.000,00
		0,00

DEBE	640-Sueldos y Sal.	HABER
3.500,00		3.500,00
0,00		

DEBE	60-Compras	HABER
3.500,00		3.500,00
0,00		

DEBE	625-Primas seguro	HABER
800,00		466,66 333,34
0,00		

DEBE	646-Recl. Personal	HABER
1.300,00		1.300,00
0,00		

DEBE	681-Amort. Inm. Mat	HABER
1.874,97		1.874,97
0,00		

DEBE	129-Resultado del ejercicio	HABER
2.508,31		
2.508,31		

Asiento de cierre

Para cerrar la contabilidad del ejercicio 20X2, se hará el asiento de cierre, saldando todas las cuentas que presenten saldos distintos de cero. Se realizaría de la siguiente manera:

Cuenta		Descripción	Debe (EUR)	Haber (EUR)
100	Capital	Asiento de cierre	3.000,00	
142	Provisión responsab.	Asiento de cierre	1.300,00	
213	Maquinaria	Asiento de cierre		10.000,00
281	Amort. Acum. Inm. Mat	Asiento de cierre	1.874,97	
400	Proveedores	Asiento de cierre	4.200,00	
430	Clientes	Asiento de cierre		800,00
480	Gastos anticipados	Asiento de cierre		466,66
523	Prov. Inm. c/p	Asiento de cierre	8.000,00	
572	Bancos	Asiento de cierre		4.600,00
129	Resultado del ejercicio	Asiento de cierre		2.508,31

Balance de situación final

Finalmente, se presentaría el balance de situación al final del ejercicio, siguiendo los criterios de ordenación de menor a mayor liquidez en el activo y de menor a mayor exigibilidad en el pasivo:

ACTIVO		PASIVO	
Maquinaria	10.000,00	Capital	3.000,00
Amort. Ac. Inm. Mat.	-1.874,97	Resultado del ejercicio	-2.508,31
Clientes	800,00	Provisión responsab.	1.300,00
Gastos anticipados	466,66	Proveedores	4.200,00
		Proveed. Inmov. c/p	8.000,00
Bancos	4.600,00		
TOTAL	13.991,69	TOTAL	13.991,69

El ciclo contable estaría así completo.

11. La responsabilidad y la confidencialidad en los registros contables: código deontológico, el delito contable, normativa mercantil en torno al secreto contable

En el Código de Comercio de 1885, en su Título III, Sección I, relativa a los libros de los empresarios, hay varios artículos en los que, al igual que su enunciado, se hace mención a la pertenencia de los libros a los empresarios, dándoles implícitamente la responsabilidad sobre ellos.

De hecho, esto se establece de forma expresa en el artículo 25.2 del Código de Comercio, que dice textualmente: "la contabilidad será llevada directamente por los empresarios o por otras personas debidamente autorizadas, sin perjuicio de la responsabilidad de aquellos. Se presumirá concedida la autorización, salvo prueba en contrario."

Esta responsabilidad se materializa en la necesidad de cumplir con los preceptos legales en relación a la buena llevanza de la contabilidad, cumpliendo con las obligaciones tanto formales como éticas.

En refuerzo para el cumplimiento de esta responsabilidad, la Ley Orgánica 10/1995, de 23 de noviembre, del Código Penal, establece en su artículo 310 el concepto de delito contable. Este artículo dice lo siguiente:

Será castigado con la pena de prisión de cinco a siete meses el que estando obligado por ley tributaria a llevar contabilidad mercantil, libros o registros fiscales:

a. Incumpla absolutamente dicha obligación en régimen de estimación directa de bases tributarias.

b. Lleve contabilidades distintas que, referidas a una misma actividad y ejercicio económico, oculten o simulen la verdadera situación de la empresa.

c. No hubiere anotado en los libros obligatorios negocios, actos, operaciones o, en general, transacciones económicas, o los hubiese anotado con cifras distintas a las verdaderas.

d. Hubiere practicado en los libros obligatorios anotaciones contables ficticias.

La consideración como delito de los supuestos de hecho, a que se refieren los párrafos c y d anteriores, requerirá que se hayan omitido las declaraciones tributarias o que las presentadas fueren reflejo de su falsa contabilidad y que la cuantía, en más o menos, de los cargos o abonos omitidos o falseados exceda, sin compensación aritmética entre ellos, de 240.000 euros por cada ejercicio económico.

Sabía que...

Se empiezan a encontrar alusiones a los delitos en materia contable a partir del Código Penal del año 1870, en su artículo 331, sobre el delito de ocultación de bienes o industria.

Además de la pena de prisión y otras posibles sentencias que puedan aplicar los jueces, como podrían ser la suspensión de las actividades, la clausura de locales o establecimientos, la inhabilitación para la obtención de subvenciones o ayudas, etcétera, el artículo 310 bis del Código Penal establece que se impondrá:

- Multa del tanto al doble de la cantidad defraudada o indebidamente obtenida, si el delito cometido por la persona física tiene prevista una pena de prisión de más de dos años.
- Multa del doble al cuádruple de la cantidad defraudada o indebidamente obtenida, si el delito cometido por la persona física tiene prevista una pena de prisión de más de cinco años.

- Multa de seis meses a un año, en los supuestos recogidos en el artículo 310.

En relación a la responsabilidad de los empresarios, es conveniente hacer mención al secreto contable. Respecto a esto, el artículo 32 del Código de Comercio establece:

> *1. La contabilidad de los empresarios es secreta, sin perjuicio de lo que se derive de lo dispuesto en las Leyes.*
>
> *2. La comunicación o reconocimiento general de los libros, correspondencia y demás documentos de los empresarios, solo podrá decretarse, de oficio o a instancia de parte, en los casos de sucesión universal, suspensión de pagos, quiebras, liquidaciones de sociedades o entidades mercantiles, expedientes de regulación de empleo y cuando los socios o los representantes legales de los trabajadores tengan derecho a su examen directo.*
>
> *3. En todo caso, fuera de los casos prefijados en el párrafo anterior, podrá decretarse la exhibición de los libros y documentos de los empresarios a instancia de parte o de oficio, cuando la persona a quien pertenezcan tenga interés o responsabilidad en el asunto en que proceda la exhibición. El reconocimiento se contraerá exclusivamente a los puntos que tengan relación con la cuestión de que se trate.*

Se observa, por lo tanto, el carácter secreto de la contabilidad, pero este secreto es limitado, en tanto que existen otras normas que exigen su publicidad general, al menos en cuanto a la síntesis de la contabilidad a través de sus cuentas anuales.

Por otro lado, es importante destacar que se debe velar por la confidencialidad de los datos y registros contables procedentes de las operaciones de la actividad de la empresa, en cumplimiento de la Ley Orgánica 3/2018, de 5 de diciembre, de Protección de Datos Personales y garantía de los derechos digitales (LOPDGDD), y el reglamento general de protección de datos, Reglamento (UE) 2016/679, del Parlamento Europeo y del Consejo, de 27 de abril de 2016 (RGPD).

12. Resumen

En el presente capítulo, se ha desarrollado la forma práctica de llevar la contabilidad. Tras ver anteriormente los conceptos más teóricos, se han estudiado los distintos tipos de cuentas que se pueden usar (activo, pasivo, gastos e ingresos) y la forma en la que se comportan siguiendo el convenio del cargo y abono y el principio de la partida doble. Esto ha llevado a poder realizar los asientos contables, unidad básica de registro en contabilidad, identificando los hechos contables y los aspectos más importantes que hay que reflejar al hacer las anotaciones en el libro diario.

Ha quedado reflejada la importancia del libro mayor, aún sin ser obligatorio, así como la utilidad del balance de sumas y saldos, que se pone de manifiesto en el segundo nombre que también recibe: de comprobación.

Se ha aprendido a hallar el resultado contable en el ejercicio, su interpretación y distintos usos que se le pueden dar, según las necesidades, mediante la realización de unos ajustes en las partidas que lo integran.

El PGC se convierte en el mejor aliado y compañero de un contable. En él pueden verse las normas y principios que guiarán la actividad contable de la empresa y una propuesta de las cuentas más habituales.

La mejor forma de poder ver lo expuesto a lo largo del capítulo es mediante el ejemplo práctico que se ha desarrollado, incluyendo todos los pasos que se llevan a cabo al realizar la contabilidad en un ejercicio económico. Se ha visto así un ciclo contable completo de una empresa.

La contabilidad, además de las regulaciones que ayudan a entender cómo debe desarrollarse, está inmersa dentro de un entramado empresarial y legal que delimita la responsabilidad en su realización, el secreto que debe guardarse y las penas aplicables en caso de cometer delitos contables.

El conocimiento y entendimiento de los conceptos, normas y regulaciones en el ámbito de la contabilidad convierten a la persona que la ejerce en un verdadero profesional.

Ejercicios de repaso y autoevaluación

1. **Complete las siguientes oraciones:**

   Una cuenta es un elemento ______________ que sirve como ______________ y ______________ a lo largo del tiempo de un elemento ______________ o grupo de ellos de características homogéneas.

   Se conoce como asiento o apunte contable a cada una de las ______________ o registros que se realiza en el libro ______________ de contabilidad de los ______________ contables, a través del uso de las ______________ que los representan.

2. **Enuncie las funciones principales que realizan las cuentas contables.**

   ____
   ____
   ____
   ____

3. **De las siguientes frases, diga cuál es verdadera o falsa.**

   a. El debe es la parte izquierda de la representación esquemática de una cuenta contable.

      ☐ Verdadero
      ☐ Falso

   b. Un hecho contable modificativo es aquel que supone modificación en la composición del patrimonio neto de la empresa, pero no en su cuantía.

      ☐ Verdadero
      ☐ Falso

   c. El libro mayor es un libro voluntario en la contabilidad.

      ☐ Verdadero
      ☐ Falso

d. Existen casos en los que en un balance de comprobación, la suma de los saldos deudores no tiene que ser igual que la suma de los saldos acreedores.

- ☐ Verdadero
- ☐ Falso

4. Enumere y describa los distintos tipos de asientos contables.

____
____
____
____
____
____
____

5. Complete la siguiente frase:

"El método de la partida doble viene a decir que, al contabilizar una operación, todo cargo en una cuenta tiene ______________".

6. El EBITDA...

a. ... es el resultado que siempre hay que mirar, porque da el resultado real de la empresa.
b. ... incluye las amortizaciones y las provisiones en su composición.
c. ... mide la capacidad para generar caja de una empresa.
d. ... es igual al resultado neto de la empresa.

7. Relacione las siguientes cuentas contables con sus grupos (puede haber destinos que se usen varias veces o ninguna).

a. Clientes.
b. Capital.
c. Provisión para impuestos.
d. Mobiliario.
e. Mercaderías.
f. Sueldos y salarios.

g. Gastos anticipados.
h. Bancos.
i. Ventas productos terminados.
j. Transferencias subvenciones a capital.

__ Grupo 1 - Financiación básica.
__ Grupo 2 - Activo no corriente.
__ Grupo 3 - Existencias.
__ Grupo 4 - Acreed. y deud. operac. comerciales.
__ Grupo 5 - Cuentas financieras.
__ Grupo 6 - Compras y gastos.
__ Grupo 7 - Ventas e ingresos.
__ Grupo 8 - Gastos imputados al patrimonio neto.
__ Grupo 9 - Ingresos imputados al patrimonio neto.

8. Para un inmovilizado cuyo valor de adquisición es 5.000 €, su valor residual 300 € y su vida útil 7 años, ¿cuál es su cuota de amortización anual si se sigue el método de amortización lineal?

a. 714,28 €.
b. 757,14 €.
c. 692,84 €.
d. 671,43 €.

9. Señale la respuesta incorrecta. Son requisitos necesarios para el reconocimiento de una provisión...

a. ... que se tenga soporte documental.
b. ... que exista una probabilidad alta de que el hecho ocurra.
c. ... que el hecho genere una salida de recursos en el momento en que se produzca.
d. ... que el importe de la salida de recursos sea estimable de forma fiable.

10. Enumere las partes en las que se estructura el Plan General de Contabilidad.

Capítulo 4

Contabilidad del IVA en los libros auxiliares

Contenido

1. Introducción

Un aspecto íntimamente relacionado con la contabilidad es el de la fiscalidad, es decir, los impuestos. Se ha podido observar que en las facturas que una empresa emite o recibe, existe el Impuesto sobre el Valor Añadido (IVA) que deberá conocerse debido a la implicación que tiene en la gestión de la empresa, afectando a la tesorería de forma directa, y para cumplir con las obligaciones que la Ley Tributaria establece.

De este modo, en el presente capítulo se analizará el IVA y su naturaleza, el objeto de su existencia, la forma de reconocerlo en la operativa diaria de una empresa y cómo contabilizarlo, de modo que se tenga en los estados financieros la información necesaria para poder gestionar el impuesto de forma organizada y atendiendo a la normativa que lo regula.

Se estudiarán las diferentes operaciones afectadas y las que no lo están, así como la forma de realizar las liquidaciones pertinentes.

Esto se realizará a través del repaso de los aspectos básicos de la regulación fiscal, en base a la Ley 37/1992, de 28 de diciembre, del Impuesto sobre el Valor Añadido y su Reglamento, aprobado por Real Decreto 1624/1992, de 29 de diciembre, y a través del estudio de las cuentas que el PGC utiliza para la gestión de este impuesto.

2. El Impuesto sobre el Valor Añadido

El IVA es un impuesto **indirecto** que grava el consumo y recae sobre las entregas de bienes y prestaciones de servicios, así como las importaciones de bienes y las adquisiciones intracomunitarias de bienes.

El IVA incide sobre el consumo, en idéntica medida, cualquiera que sea el número de fases de comercialización o transformación que haya hasta que los bienes o servicios llegan al consumidor final, debido a que **en cada transacción se pueden deducir,** salvo excepciones, las cuotas que le han sido repercutidas en la fase precedente, dentro de la cadena de fabricación o comercialización.

El IVA para las empresas, tiene un carácter **neutral,** dado que el impuesto no supone ni gastos ni ingresos para las mismas. Las empresas actúan como intermediarias en el proceso de recaudación de las Administraciones tributarias. La neutralidad se rompe cuando se produce el consumo final de los bienes.

Las empresas, en su actividad diaria, realizan compras de bienes y/o servicios para el desarrollo de su actividad o proceso productivo, soportando el IVA de estas operaciones de compras.

Una vez que la empresa elabora sus productos o servicios finales, le venderá al consumidor final o a otra empresa, parte del proceso productivo, repercutiendo el IVA correspondiente a la operación. Al vender los productos/servicios, se genera el hecho imponible, por lo que la empresa que vende incluye el IVA en sus facturas.

La **liquidación del impuesto** se rige por un esquema por el cual, en cada período de liquidación, pueden restarse de las cuotas devengadas (repercutidas a los clientes), aquellas cuotas soportadas que tengan la condición de deducibles, tal como se estudiará en la unidad de aprendizaje.

La empresa lo que hace es recaudar ese IVA en nombre de la Administración Tributaria, que es la verdadera beneficiaria, para posteriormente pagárselo a través de las liquidaciones periódicas que la Agencia Tributaria tiene destinadas a este efecto.

Las empresas, por lo tanto, deberán pagar a la Administración Tributaria la diferencia entre el IVA repercutido en sus operaciones de venta y el IVA soportado deducible de sus operaciones de compra.

IVA repercutido > IVA soportado

- Cuando el importe del IVA repercutido es mayor que el del IVA soportado, la empresa deberá pagar a Agencia Tributaria por la diferencia.

IVA repercutido < IVA soportado

- Cuando el IVA repercutido es menor que el soportado, nacerá a favor del empresario un crédito por la diferencia de ambos importes que deberá ser pagado por la Agencia Tributaria o compensado con los saldos acreedores de la empresa de períodos posteriores.

3. Operaciones sujetas, no sujetas y exentas al impuesto

El art. 1 de la Ley 37/1992 recoge las operaciones sujetas, es decir, que están gravadas por el IVA, tales como:

- Las entregas de bienes y prestaciones de servicios efectuadas por empresarios o profesionales.
- Las adquisiciones intracomunitarias de bienes.
- Las importaciones de bienes.

Estas operaciones serán gravadas siempre que se desarrollen en el ámbito espacial de aplicación del impuesto, que, según establece el artículo 3 sobre territorialidad de la Ley 37/1992, es el territorio peninsular español y las Islas Baleares, incluyendo las islas adyacentes a ambos territorios, el mar territorial hasta el límite de doce millas náuticas y el espacio aéreo correspondiente a dichos ámbitos, quedando excluidas las Islas Canarias y las ciudades de Ceuta y Melilla.

Sabía que...

En Canarias se aplica un impuesto de naturaleza similar denominado "Impuesto General Indirecto Canario" (IGIC).

3.1. Operaciones no sujetas

Son aquellas operaciones en que la ley considera que no se genera el hecho imponible del impuesto.

El artículo 7 de la Ley 37/1992 recoge las operaciones no sujetas, que son:

1. La transmisión de la totalidad o parte del patrimonio empresarial o profesional del sujeto pasivo, cuando se continúe con la actividad de la empresa, en los supuestos que contempla la propia ley.
2. Las entregas gratuitas de muestras de mercancías sin valor comercial estimable, con fines de promoción de las actividades empresariales o profesionales.
3. Las prestaciones de servicios de demostración a título gratuito efectuadas para la promoción de las actividades empresariales o profesionales.
4. Las entregas sin contraprestación de impresos u objetos de carácter publicitario, con las excepciones que contempla la ley.
5. Los servicios prestados por personas físicas en régimen de dependencia derivado de relaciones administrativas o laborales.
6. Los servicios prestados a las cooperativas de trabajo asociado por los socios de las mismas y los prestados a las demás cooperativas por sus socios de trabajo.
7. Determinadas operaciones asimiladas a las entregas de bienes o prestaciones de servicios, como son los autoconsumos de bienes o servicios, en los casos que establece la ley.
8. Las entregas de bienes y prestaciones de servicios realizadas directamente por los entes públicos sin contraprestación o mediante contraprestación de naturaleza tributaria, siempre que no actúen a través de empresas mercantiles.
9. Las concesiones y autorizaciones administrativas, con las excepciones previstas en la ley.
10. Las operaciones realizadas por las comunidades de regantes para la ordenación y aprovechamiento de las aguas.
11. Las entregas de dinero a título de contraprestación o pago.
12. Las prestaciones de servicios a título gratuito y que se realicen para fines ajenos a los de la actividad empresarial o profesional, siempre que sean obligatorias para el sujeto pasivo en virtud de normas jurídicas

o convenios colectivos, incluso los servicios telegráficos y telefónicos prestados en régimen de franquicia

Aplicación práctica

Su empresa acude a una feria empresarial y compra bolígrafos con el logotipo de la empresa, por un valor total de 600 €, para entregar a la gente que acuda al mostrador.

A un compañero del área fiscal le surge la preocupación de que si los bolígrafos van a ser regalados, no habrá factura en la que poder repercutir el IVA correspondiente, de modo que podría estar incurriendo en una falta con la Administración Tributaria.

¿Podría usted darle algún consejo en relación a este asunto?

SOLUCIÓN

Usted podría tranquilizar a su compañero diciéndole que regalar los bolígrafos es una entrega gratuita con fines de promoción para las actividades que ellos realizan y que, según la ley, esta es una operación no sujeta a IVA, con lo cual esa transacción no generará ningún derecho a favor de la Agencia Tributaria

3.2. Exenciones

Operaciones exentas son aquellas en las que, a pesar de realizarse el hecho imponible, la ley exime del cumplimiento de la obligación tributaria.

Nota

Esto supone que las empresas o profesionales que desarrollen los trabajos detallados en las operaciones exentas realizarán sus facturas sin incluir el IVA.

Las exenciones están recogidas en el artículo 20 de la Ley 37/1992 y son las siguientes:

1. Las prestaciones de servicios y las entregas de bienes accesorias a las mismas efectuadas por los servicios públicos postales.
2. Las prestaciones de servicios de hospitalización o asistencia sanitaria y las demás relacionadas directamente con las mismas realizadas por entidades de Derecho público o por entidades o establecimientos privados en régimen de precios autorizados o comunicados.
3. La asistencia a personas físicas por profesionales médicos o sanitarios, cualquiera que sea la persona destinataria de dichos servicios.
4. Las entregas de sangre, plasma sanguíneo y demás fluidos, tejidos y otros elementos del cuerpo humano efectuadas para fines médicos o de investigación o para su procesamiento con idénticos fines.
5. Las prestaciones de servicios realizadas en el ámbito de sus respectivas profesiones por estomatólogos, odontólogos, mecánicos dentistas y protésicos dentales, así como la entrega, reparación y colocación de prótesis dentales y ortopedias maxilares realizadas por los mismos, cualquiera que sea la persona a cuyo cargo se realicen dichas operaciones.
6. Los servicios prestados directamente a sus miembros por uniones, agrupaciones o entidades autónomas, incluidas las agrupaciones de interés económico constituidas exclusivamente por personas que ejerzan esencialmente una actividad exenta o no sujeta al impuesto.
7. Las entregas de bienes y prestaciones de servicios que, para el cumplimiento de sus fines específicos, realice la Seguridad Social, directamente o a través de sus entidades gestoras o colaboradoras.
8. Las prestaciones de servicios de asistencia social que se indican a continuación efectuadas por entidades de Derecho público o entidades o establecimientos privados de carácter social, tales como: protección de la infancia y de la juventud, asistencia a la tercera edad, educación especial y asistencia a personas con discapacidad, asistencia a minorías étnicas, asistencia a refugiados y asimilados, asistencia a transeúntes, asistencia a personas con cargas familiares no compartidas, acción social comunitaria y familiar, asistencia a exclusos, reinserción social y prevención de la delincuencia, asistencia a alcohólicos y toxicómanos, cooperación para el desarrollo. La exención comprende la prestación de

servicios de alimentación, alojamiento o transporte accesorios de los anteriores prestados por dichos establecimientos o entidades, con medios propios o ajenos.

9. La educación de la infancia y de la juventud, la guarda y custodia de niños, la enseñanza escolar, universitaria y de postgraduados, la enseñanza de idiomas y la formación y reciclaje profesional, realizadas por entidades de derecho público o entidades privadas autorizadas para el ejercicio de dichas actividades.
10. Las clases a título particular prestadas por personas físicas sobre materias incluidas en los planes de estudios de cualquiera de los niveles y grados del sistema educativo.
11. Las cesiones de personal realizadas en el cumplimiento de sus fines, por entidades religiosas inscritas en el registro correspondiente del Ministerio de Justicia, para el desarrollo de actividades de hospitalización, asistencia sanitaria, asistencia social, educación, enseñanza, formación y reciclaje profesional.
12. Las prestaciones de servicios y las entregas de bienes accesorias a las mismas efectuadas directamente a sus miembros por organismos o entidades legalmente reconocidos que no tengan finalidad lucrativa, cuyos objetivos sean exclusivamente de naturaleza política, sindical, religiosa, patriótica, filantrópica o cívica, realizadas para la conservación de sus finalidades específicas, siempre que no perciban de los beneficiarios de tales operaciones contraprestación alguna distinta de las cotizaciones fijadas en sus estatutos.
13. Los servicios prestados a personas físicas que practiquen el deporte o la educación física, cualquiera que sea la persona o entidad a cuyo cargo se realice la prestación, siempre que tales servicios estén directamente relacionados con dichas prácticas y sean prestados por las entidades de Derecho público, federaciones deportivas, Comité Olímpico Español, Comité Paralímpico Español, entidades o establecimientos deportivos privados de carácter social.
14. Las prestaciones de servicios que a continuación se relacionan efectuadas por entidades de Derecho público o por entidades o establecimientos culturales privados de carácter social (bibliotecas, museos, galerías de arte, representaciones teatrales, musicales coreográficas, audiovisuales y cinematográficas, exposiciones).

15. El transporte de enfermos o heridos en ambulancias o vehículos especialmente adaptados para ello.
16. Las operaciones de seguro, reaseguro y capitalización, así como las prestaciones de servicios relativas a las mismas realizadas por agentes, subagentes, corredores y demás intermediarios de seguros y reaseguros.
17. Las entregas de sellos de Correos y efectos timbrados de curso legal en España por importe no superior a su valor facial.
18. Determinadas operaciones financieras recogidas en el art. 20.Uno.18º de la Ley 37/1992.
19. Las loterías, apuestas y juegos organizados por la Sociedad Estatal y Apuestas del Estado, la Organización Nacional de Ciegos y por los organismos correspondientes de las Comunidades Autónomas, así como las actividades que constituyan los hechos imponibles de los tributos sobre el juego y combinaciones aleatorias.
20. Las entregas de terrenos rústicos y demás que no tengan la condición de edificables, incluidas las construcciones de cualquier naturaleza en ellos enclavadas, que sean indispensables para el desarrollo de una explotación agraria, y los destinados exclusivamente a parques y jardines públicos o a superficies viales de uso público.
21. Las segundas y ulteriores entregas de edificaciones, incluidos los terrenos en que se hallen enclavadas, cuando tengan lugar después de terminada su construcción o rehabilitación. La adquisición si se hubiese efectuado durante los dos años inmediatamente anteriores o, en otro caso, del verdadero valor que tuviera la edificación o parte de la misma antes de su rehabilitación.
22. Los arrendamientos que tengan la consideración de servicios y la constitución y transmisión de derechos reales de goce y disfrute, que tengan por objeto terrenos, construcciones inmobiliarias y edificios destinados a viviendas.
23. Las entregas de bienes que hayan sido utilizados por el transmitente en la realización de operaciones exentas del impuesto, siempre que al sujeto pasivo no se le haya atribuido el derecho a efectuar la deducción total o parcial del impuesto soportado al realizar la adquisición, afectación o importación de dichos bienes o de sus elementos componentes.

24. Las entregas de bienes cuya adquisición, afectación o importación o la de sus elementos componentes hubiera determinado la exclusión total del derecho a deducir en favor del transmitente.
25. Los servicios profesionales, incluidos aquellos cuya contraprestación consista en derechos de autor, prestados por artistas plásticos, escritores, colaboradores literarios, gráficos y fotográficos de periódicos y revistas, compositores musicales, autores de obras teatrales y de argumento, adaptación, guion y diálogos de las obras audiovisuales, traductores y adaptadores.
26. Las prestaciones de servicios y las entregas de bienes realizadas por los partidos políticos con motivo de manifestaciones destinadas a reportarles un apoyo financiero para el cumplimiento de su finalidad específica y organizadas en su exclusivo beneficio.

Importante

Las operaciones se pueden clasificar según el IVA en operaciones sujetas y exentas, operaciones sujetas y no exentas y operaciones no sujetas.

Aplicación práctica

El señor Sánchez, al salir de la consulta de su dentista, se dispone a abonar el importe del servicio recibido. Le hacen entrega de una factura en la que observa que el valor del trabajo realizado son 200 € y que a esto se le añaden 42 € en concepto de IVA, ascendiendo a un total de 242 €.

¿Considera usted que el señor Sánchez debería pagar los 242 € por los servicios recibidos por su dentista?

Continúa en página siguiente >>

<< Viene de página anterior

SOLUCIÓN

El Sr. Sánchez, en este caso, debido a que los servicios prestados por dentistas son operaciones exentas de IVA, debería hablar con la persona que le entregó la factura, ya que esta cometió un error incluyéndolo en la factura.

El importe que deberá pagar finalmente son 200 €.

---

4. Tipos de IVA vigentes en España

En la actualidad, existen 3 tipos de gravámenes vigentes en España. La Ley 37/1992 del IVA habla de ellos en sus artículos 90 y 91, siendo estos:

- El tipo general, del 21 %.
- El tipo reducido, del 10 %
- El tipo superreducido, del 4 %.

4.1. Tipo impositivo general

El artículo 90 de la Ley 37/1992 establece que el tipo general se aplicará a todas las operaciones sujetas a IVA, salvo a las que de forma específica se les deba aplicar el tipo reducido o superreducido.

En la actualidad, el tipo general es del 21 %.

4.2. Tipo impositivo reducido

El artículo 91.Uno de la Ley 37/1992 recoge los supuestos a los que se les aplica el tipo reducido del IVA, del 10 %. Son, entre otros:

- Entregas, adquisiciones intracomunitarias o importaciones de los siguientes bienes:

  - Sustancias y productos utilizados para la nutrición humana o animal, exceptuando bebidas alcohólicas y bebidas azucaradas.
  - Animales, vegetales u otros productos para la obtención de los bienes del punto anterior.
  - Bienes para ser usados en actividades agrícolas, forestales o ganaderas, como semillas, fertilizantes, herbicidas, etcétera.
  - Aguas aptas para la alimentación humana, animal, para el riego y la producción de hielo.
  - Medicamentos para uso animal.
  - Aparatos para suplir las deficiencias físicas, mentales, intelectuales o sensoriales de las personas, tales como gafas, lentillas, prótesis, sillas de ruedas, instrumental de diálisis, etc.
  - Edificios aptos para su utilización como viviendas.
  - Semillas, bulbos, esquejes y otros, susceptibles de ser utilizados en la obtención de flores y plantas verdes.

- Las prestaciones de los siguientes servicios:

  - Transporte de viajeros y sus equipajes.
  - Los servicios de hostelería, balneario, restaurantes y, en general, el suministro de comidas y bebidas para consumir en el acto.
  - Servicios efectuados a favor de titulares de explotaciones agrícolas, forestales o ganaderas, necesarios para el desarrollo de las mismas, como la plantación, siembra, abonado, etcétera.
  - Servicios de limpieza de vías públicas, parques y jardines públicos.
  - Servicios de recogida, almacenamiento, transporte, etcétera, de residuos, recogida o tratamiento de aguas residuales.
  - La entrada a bibliotecas, archivos y centros de documentación, museos, galerías de arte, pinacotecas, cines, teatros, circos, festejos taurinos, conciertos, y a los demás espectáculos culturales en vivo.
  - Las prestaciones de servicios de asistencia social que se indican a continuación efectuadas por entidades de Derecho Público o entidades o establecimientos privados de carácter social, cuando no estén exentas ni se les aplique el tipo del 4 % según el art. 91.Dos.2.3º:

    - Protección de la infancia y de la juventud. Se considerarán actividades de protección de la infancia y de la juventud las de

rehabilitación y formación de niños y jóvenes, la de asistencia a lactantes, la custodia y atención a niños, la realización de cursos, excursiones, campamentos o viajes infantiles y juveniles y otras análogas prestadas en favor de personas menores de veinticinco años de edad.
- Asistencia a la tercera edad.
- Educación especial y asistencia a personas con minusvalía.
- Asistencia a minorías étnicas.
- Asistencia a refugiados y asilados.
- Asistencia a transeúntes.
- Asistencia a personas con cargas familiares no compartidas.
- Acción social comunitaria y familiar.
- Asistencia a ex-reclusos.
- Reinserción social y prevención de la delincuencia.
- Asistencia a alcohólicos y toxicómanos.
- Cooperación para el desarrollo.

- Espectáculos deportivos de carácter aficionado.
- Exposiciones y ferias de carácter comercial.
- Ejecuciones de obras de albañilería realizadas en edificios destinados a vivienda, cuando se cumplan determinados requisitos.
- Los arrendamientos con opción a compra de edificios o parte de los mismos destinados exclusivamente a viviendas, incluidas las plazas de garaje.
- La cesión de los derechos de aprovechamiento por turno de edificios, conjuntos inmobiliarios o sectores de ellos arquitectónicamente diferenciados.
- Los servicios prestados por intérpretes, artistas, directores y técnicos, que sean personas físicas, a los productores de películas cinematográficas y a los organizadores de obras teatrales y musicales

Nota

Se han enumerado de forma simplificada los principales supuestos a los que se les aplica el tipo reducido de IVA. Deberá consultarse la ley a la hora de determinar si este tipo es aplicable a una operación, ya que, en ocasiones, su aplicación está sujeta a cumplir unos requisitos determinados.

4.3. Tipo impositivo superreducido

El artículo 91.Dos de la Ley 37/1992 recoge los supuestos a los que se les aplica el tipo superreducido del IVA, del 4 %. Son, entre otros:

- Entregas, adquisiciones intracomunitarias o importaciones de los siguientes bienes:
  - Pan, harinas panificables, leches, quesos, huevos, frutas, verduras, hortalizas, tubérculos, cereales.
  - Libros, periódicos y revistas que no contengan única o fundamentalmente publicidad, incluidos los suministrados por vía electrónica.
  - Medicamentos para uso humano.
  - Vehículos para personas con movilidad reducida.
  - Las prótesis, órtesis e implantes internos para personas con discapacidad.
  - Las viviendas calificadas administrativamente como de protección oficial.
  - Las compresas, tampones, protegeslips, preservativos y otros anticonceptivos no medicinales.
- Las prestaciones de los siguientes servicios:
  - Servicios de reparación de coches para personas con discapacidad y sillas de ruedas.

- Los arrendamientos con opción a compra de edificios o parte de los mismos destinados exclusivamente a viviendas calificadas administrativamente como protección oficial.
- Los servicios de teleasistencia, ayuda a domicilio, centro de día y de noche y atención residencial.

Nota

A los donativos en forma de entrega de bienes que se realicen a las entidades sin fines lucrativos se les aplicarán el 0 % de IVA cuando dichos bienes se destinen a fines de interés general.

Aplicación práctica

Un día decide salir a comprar un juguete para su sobrino, unas pastillas para usted y unos medicamentos para su perro. Se sabe el valor, sin IVA, de estos productos:

- **Juguete – 50 €.**
- **Pastillas – 30 €.**
- **Medicamentos para el perro – 20 €.**

¿Cuánto dinero se debe preparar para poder hacer estas compras?

SOLUCIÓN

Para ver cuánto dinero se debe preparar para estas compras habrá que considerar el importe final que deberá pagarse, que será el valor de los productos más el IVA aplicable en cada caso.

El juguete no está recogido dentro de los supuestos para la aplicación del tipo reducido o superreducido, con lo cual se aplica el régimen general y habrá que pagar por él:

Continúa en página siguiente >>

<< Viene de página anterior

50 + 21 % sobre 50 = 50 + 10,5 = 60,5 €

Los medicamentos para uso humano están recogidos como operaciones a las que se les aplica el tipo superreducido del IVA, de modo que el importe a pagar sería:

30 + 4 % sobre 30 = 30 + 1,20 = 31,20 €

Los medicamentos para uso animal se encuentran dentro de los supuestos contemplados en la aplicación del tipo reducido de IVA, siendo el importe neto a pagar:

20 + 10 % sobre 20 = 20 + 2,00 = 22,00 €

El total a pagar será:

60,5 + 31,20 + 22,00 = 113,70 €

5. Contabilización del IVA

Para la correcta gestión del IVA y el cumplimiento con las obligaciones tributarias, el PGC propone una serie de cuentas.

El subgrupo 47 contempla las cuentas que recogen las relaciones entre las empresas y las Administraciones Públicas para las distintas obligaciones que se tienen con ellas. En relación al IVA, las cuentas propuestas son las siguientes:

- 4700 – Hacienda Pública, deudora por IVA, que recoge el exceso, en cada periodo impositivo, del IVA soportado deducible sobre el IVA repercutido.
- 472 – Hacienda Pública, IVA soportado, donde se registra el IVA devengado con motivo de la adquisición de bienes y servicios y de otras operaciones contempladas en el texto legal, que tengan carácter de deducible.
- 4750 – Hacienda Pública, acreedora por IVA, que recoge el exceso, en cada periodo impositivo, del IVA repercutido sobre el IVA soportado deducible.
- 477 – Hacienda Pública, IVA repercutido, para anotar el IVA devengado con motivo de la entrega de bienes o de la prestación de servicios y de otras operaciones comprendidas en el texto legal.

El artículo 75 de la Ley 37/1992 establece los momentos en que se devenga el IVA. En relación a los casos más comunes, es conveniente comentar su momento de devengo. De este modo, en términos generales:

- Para las entregas de bienes, el devengo del impuesto se produce cuando se pone a disposición del adquirente el bien en cuestión.
- En las prestaciones de servicios, cuando se presten, ejecuten o efectúen las operaciones gravadas.
- En contratos tipo arrendamientos o servicios continuados en el tiempo, el devengo se produce en el momento en que resulte exigible la parte del precio correspondiente a los periodos liquidables prefijados.
- Cuando, para operaciones sujetas a gravamen, se realicen pagos anticipados a la realización del hecho imponible, el impuesto se devengará en el momento del cobro parcial o total por los importes efectivamente percibidos.
- En las operaciones de entregas de bienes realizadas a través de una plataforma digital (art. 8 bis), el devengo se produce con la aceptación del pago del cliente.

Importante

El IVA se registrará contablemente cuando se devengue la operación que está sujeta a dicho impuesto.

Recuerde

El PGC propone una serie de cuentas dentro del subgrupo 47 para reflejar las relaciones que se establecen entre las empresas y las Administraciones Públicas.

5.1. IVA soportado

El IVA soportado es aquel que las empresas pagarán a sus proveedores y/o acreedores por los bienes y servicios adquiridos.

Cabe mencionar que, en este apartado, al hablar de IVA soportado, se hace referencia al IVA soportado deducible, es decir, aquel que la ley contempla que la empresa podrá deducirse del IVA repercutido por esta a través de las operaciones que realice y que estén sujetas a gravamen.

En términos coloquiales, esto quiere decir que la empresa puede deducirse del IVA que repercute a sus clientes (y que debe reembolsar a la Administración Tributaria), el IVA repercutido por otros empresarios o profesionales a los que compra bienes y/o servicios.

Los artículos 92 y siguientes de la Ley 37/1992 regulan la deducibilidad de las cuotas de IVA.

Nota

Solamente podrá deducirse el IVA soportado de las adquisiciones de bienes y servicios efectuadas con la intención de utilizarlos en la realización de las actividades empresariales o profesionales a las que la empresa se dedique.

Para el registro del IVA soportado deducible, el PGC propone el uso de la cuenta 472 – Hacienda Pública, IVA soportado, siendo los principales movimientos de esta cuenta los siguientes:

- Se cargará por el importe del IVA deducible, cuando se devengue el impuesto, con abono a cuentas de acreedores o proveedores de los grupos 1, 4 o 5 o a cuentas del subgrupo 57 (es decir, cuando se realice una compra de bienes o servicios).
- Se abonará:
    - Al liquidar periódicamente el impuesto, con cargo a la cuenta 477 – Hacienda Pública, IVA repercutido, y, si aún subsistiera saldo, a la cuenta 4700 – Hacienda Pública, deudora por IVA.
    - Por la parte proporcional correspondiente, al anular o cancelar parcialmente facturas que dieron lugar a la deducción, con cargo a las cuentas de acreedores o proveedores de los grupos 1, 4 o 5 o a cuentas del subgrupo 57.

Contabilización del IVA soportado

A continuación, se describe cómo se contabiliza el IVA soportado.

Operaciones de compras ordinarias

En operaciones de compras ordinarias (generalmente suponen cargos en los subgrupos 60 y 62 del PGC), siempre que la operación esté sujeta y no exenta al impuesto, habrá que contabilizar el IVA soportado, aplicando el tipo de gravamen que corresponda en cada caso. Generalmente será el 21 %.

El devengo del impuesto es independiente de que la operación sea al contado o a crédito.

Ejemplo

Una empresa compra a crédito mercaderías por valor de 2.000 €.

En este caso, el asiento que se realizaría sería el siguiente:

Cuenta		Descripción	Debe (EUR)	Haber (EUR)
600	Compras mercaderias	Compra mercaderías a crédito	2.000,00	
472	IVA soportado	Compra mercaderías a crédito	420,00	
400	Proveedores	Compra mercaderías a crédito		2.420,00

En este ejemplo, se observa:

- Base imponible = 2.000 €. La base imponible está constituida por el importe total de la contraprestación de las operaciones sujetas al impuesto.
- Al ser una operación no incluida entre las que se le aplican el tipo reducido o superreducido, se aplica el tipo general del gravamen, 21 %.
- Cuota = 2.000 x 21 % = 420 €, siendo el resultado de aplicar el tipo de gravamen a la base imponible.
- Al ser a crédito, se reconoce la deuda a favor del proveedor en la cuenta 400.

Si la compra de mercaderías se hubiese realizado por transferencia bancaria, se registraría la operación de la siguiente manera:

Cuenta		Descripción	Debe (EUR)	Haber (EUR)
600	Compras mercaderias	Compra mercaderías por banco	2.000,00	
472	IVA soportado	Compra mercaderías por banco	420,00	
572	Bancos	Compra mercaderías por banco		2.420,00

Se observa que, a efectos de registro de IVA, la forma de pago no afecta.

Adquisiciones de inmovilizado

En las adquisiciones de inmovilizado, que suponen cargos en las cuentas del grupo 2, el tratamiento del IVA es el mismo. Es preciso que para su deducibilidad, el inmovilizado esté afecto exclusivamente a la actividad de la empresa, produciéndose el devengo cuando se pone el bien a disposición del adquirente.

Ejemplo

Se compra una maquinaria a crédito por valor de 30.000 €.

El asiento que se realizaría sería:

Cuenta		Descripción	Debe (EUR)	Haber (EUR)
213	Maquinaria	Compra maquinaria a crédito	30.000,00	
472	IVA soportado	Compra maquinaria a crédito	6.300,00	
173	Proveedores de inmovilizado a largo plazo	Compra maquinaria a crédito		36.300,00

Se ve que, efectivamente, se usa una cuenta del grupo 2, concretamente la 213 - Maquinaria.

El tipo de gravamen aplicable a la operación es el 21 % (tipo general).

Devoluciones de compras

En las devoluciones de compras, ya sea por incumplimiento de las condiciones de pedido o por mal estado de las mercancías recibidas, se debe modificar la base imponible del IVA por la parte correspondiente a las mercancías devueltas.

Se usará en estas operaciones la cuenta 608 – Devoluciones de compras y operaciones similares.

Ejemplo

De los 2.000 € de compras de mercaderías a crédito realizados anteriormente, se verifica que 400 € de mercancías se encuentran en mal estado, por lo que se procede a su devolución.

Se registraría:

Cuenta		Descripción	Debe (EUR)	Haber (EUR)
608	Devolución compras	Devol. Compras defectuosas		400,00
472	IVA soportado	Devol. Compras defectuosas		84,00
400	Proveedores	Devol. Compras defectuosas	484,00	

En este caso, se corrige la base imposible, abonando una cuenta de gasto (se reduce el gasto) y ajustando la cuota de IVA resultante, disminuyéndola igualmente en la proporción correspondiente: 21 % sobre 400 € de base imponible corregida = 84 €.

Rappel por compra

Los *rappel* por compra son los descuentos que se obtienen por haber alcanzado un determinado volumen de pedidos. El PGC propone la cuenta 609 para el reflejo de los *rappel.*

El *rappel* puede aplicarse dentro de una factura, con lo cual supone una disminución de la base imponible y, por lo tanto, de la cuota de IVA, o se puede conceder en factura independiente, suponiendo en este caso una modificación del gasto y corrección de la parte correspondiente del IVA.

A continuación, se va a exponer el siguiente ejemplo:

Se compran mercaderías por valor de 8.000 €, concediéndose un descuento por volumen de operaciones, en factura, por valor de 1.500 €.

En este caso, el asiento a realizar sería:

Cuenta		Descripción	Debe (EUR)	Haber (EUR)
600	Mercaderías	Compra mercaderías	6.500,00	
472	IVA soportado	Compra mercaderías	1.365,00	
572	Bancos	Compra mercaderías		7.865,00

Al ir el *rappel* en factura, supone una disminución de la base imponible (8.000 – 1.500 = 6.500 €), aplicándose el 21 % de IVA sobre esta: 21 % sobre 6.500 = 1.365 €.

Supóngase que, en vez de recibir el *rappel* en la misma factura que la compra, se recibe en una factura posterior e independiente. En este caso, se contabilizaría en primer lugar la compra y luego, al recibir el *rappel,* la modificación del IVA. Sería de la siguiente manera:

Cuenta		Descripción	Debe (EUR)	Haber (EUR)
600	Mercaderías	Compra mercaderías	8.000,00	
472	IVA soportado	Compra mercaderías	1.680,00	
572	Bancos	Compra mercaderías		9.680,00

A la recepción de la factura con el *rappel*:

Cuenta		Descripción	Debe (EUR)	Haber (EUR)
609	*Rappels* compras	Descuento por volumen		1.500,00
472	IVA soportado	Compra mercaderías		315,00
572	Bancos	Compra mercaderías	1.815,00	

Si se observa el mayor de la cuenta 472 – IVA Soportado de estas dos operaciones, se ve que su saldo es exactamente el mismo que en el caso en que el *rappel* se incluye en la factura:

DEBE	472 - IVA Soportado HABER
1.365,00 (descuento en factura)	
1.680,00 (descuento fuera de factura)	315,00 (descuento fuera de factura)

Operaciones de compra con pago anticipado

En las operaciones de compra con pago anticipado, ya se ha visto que el IVA se devenga en el momento del cobro parcial o total por los importes efectivamente percibidos, aunque aún no se haya producido el hecho imponible.

En función del concepto para el que se reciba el anticipo, se usará una u otra cuenta de las propuestas por el PGC o las que se creen según conveniencia. El PGC propone las siguientes:

- 407 – Anticipos a proveedores.
- 239 – Anticipos para inmovilizaciones materiales.

Contabilizado el anticipo, cuando en el futuro se reciba el bien para el que este se realizó, se traspasará el saldo de las cuentas de anticipos a las de gastos o inmovilizados correspondientes.

De esto, se puede intuir que el comportamiento de las cuentas de anticipos es similar al de las cuentas a las que reemplaza hasta la realización efectiva del hecho imponible.

Ejemplo

Supóngase que se anticipan 2.500 € a un proveedor en concepto de las mercancías que se recibirán próximamente.

En asiento a realizar sería:

Cuenta		Descripción	Debe (EUR)	Haber (EUR)
407	Anticipo proveedores	Anticipo compras	2.500,00	
472	IVA soportado	Anticipo compras	525,00	
572	Bancos	Anticipo compras		3.025,00

A la recepción de las mercancías para las que se realizó el anticipo, se realizaría:

Cuenta		Descripción	Debe (EUR)	Haber (EUR)
407	Anticipo proveedores	Compra mercancías		2.500,00
600	Compra mercaderías	Compra mercancías	2.500,00	

De este modo, la cuenta de anticipos queda saldada y se reconoce el gasto (en la cuenta 600) en el momento en que efectivamente se realiza la operación.

5.2. IVA repercutido

El IVA repercutido es aquel que las empresas recibirán de sus clientes y/o deudores por los bienes y servicios entregados en el tráfico de su actividad comercial.

Nota

La entrega de bienes y servicios en el tráfico de la actividad comercial es en esencia el hecho imponible del impuesto.

Para el registro del IVA repercutido, el PGC propone el uso de la cuenta 477 – Hacienda Pública, IVA repercutido, siendo los principales movimientos de esta cuenta los siguientes:

- Se abonará por el importe del IVA devengado, con cargo a cuentas de deudores o clientes de los grupos 2, 4 o 5 o a cuentas del subgrupo 57 (es decir, cuando se realice una venta de bienes o servicios).
- Se cargará:
  - Al liquidar periódicamente el impuesto, con abono a la cuenta 472 - Hacienda Pública, IVA soportado, y, si aún subsistiera saldo, a la cuenta 4750 - Hacienda Pública, acreedora por IVA.
  - Por la parte proporcional correspondiente, al anular o cancelar parcialmente facturas que generaron su devengo, con abono a las cuentas de deudores o clientes de los grupos 2, 4 o 5 o a cuentas del subgrupo 57.

Consejo

El PGC propone el uso de la cuenta 477 para recoger el IVA repercutido de las operaciones que se realicen. Es muy recomendable desglosar esta cuenta en un nivel inferior que recoja los diferentes tipos de gravamen, ya que las liquidaciones trimestrales que habrá que hacer con la Administración pública exigen separar las operaciones por tipo impositivo que las grava. Si se crean cuentas que recojan las operaciones discriminadas por tipo impositivo aplicado, se ahorrará luego tener que separarlas para la presentación de los impuestos.

De ahí, se recomienda la utilización de las siguientes cuentas:

- 4771 – Hacienda Pública, IVA repercutido (21 %).
- 4772 – Hacienda Pública, IVA repercutido (10 %).
- 4773 – Hacienda Pública, IVA repercutido (4 %).

Contabilización del IVA repercutido

A continuación, se verá cómo se contabiliza en las transacciones más habituales.

Operaciones de ventas ordinarias

Operaciones de ventas ordinarias (generalmente suponen abonos en los subgrupos 70, 73 y 75 del PGC), siempre que la operación esté sujeta y no exenta del impuesto, aplicando el tipo de gravamen que corresponda en cada caso. Generalmente será el 21 %.

El devengo del impuesto y, por lo tanto, su contabilización, se produce en el momento de la entrega del bien, independientemente de que los cobros sean en el momento o aplazados.

Ejemplo

Se realiza una venta por transferencia bancaria cuyo importe es 1.000 €.

El asiento a realizar es el siguiente:

Cuenta		Descripción	Debe (EUR)	Haber (EUR)
700	Ventas mecaderías	Ventas realizadas		1.000,00
477	H.P. IVA repercutido	Ventas realizadas		210,00
572	Bancos	Ventas realizadas	1.210,00	

Si en vez de cobrarlo por bancos, se realizase la venta a crédito, la anotación en el libro diario sería:

Cuenta		Descripción	Debe (EUR)	Haber (EUR)
700	Ventas mecaderías	Ventas realizadas		1.000,00
477	H.P. IVA repercutido	Ventas realizadas		210,00
430	Clientes	Ventas realizadas	1.210,00	

Se aprecia que el registro de IVA se mantiene igual, independientemente de cuándo se ejecute la corriente financiera.

Venta de inmovilizado

En las operaciones de venta de inmovilizado afecto a la actividad, se aplica el mismo criterio y forma de contabilizar el IVA.

En estos casos, habrá que tener las siguientes consideraciones:

- El IVA se aplicará sobre la base imponible, que será el importe de la contraprestación.
- Supondrá un abono a una cuenta del grupo 2, inmovilizado, donde la empresa tiene registrado el bien que vende.
- Hay que tener en cuenta la amortización acumulada asociada al bien, ya que esta supone una corrección de valor de aquel, por su uso, paso del tiempo u otro factor que pudiera haberle causado depreciación. Habrá que considerar el valor neto contable del bien (precio adquisición-amortización acumulada).
- Se podrán usar cuentas para el reconocimiento de beneficios o pérdidas por la enajenación del inmovilizado en la medida en que el precio de venta pactado sea mayor o menor, respectivamente, del valor neto contable del bien.

Ejemplo

Una empresa tiene en sus activos una maquinaria que compró por un valor de 1.000 €, teniendo a día de hoy una amortización acumulada de 400 €. La empresa decide vender la maquinaria por 800 €, cobrando la venta mediante transferencia bancaria.

El asiento a realizar sería el siguiente:

Cuenta		Descripción	Debe (EUR)	Haber (EUR)
213	Maquinaria	Venta maquinaria		1.000,00
281	Amort. Acumul. Inm. Mat.	Venta maquinaria	400,00	
477	H.P. IVA repercutido	Venta maquinaria		168,00
771	Beneficios proc. Inm. Mat	Venta maquinaria		200,00
572	Bancos	Venta maquinaria	968,00	

Del registro realizado, hay que tener en cuenta:

Continúa en página siguiente >>

<< Viene de página anterior

- Se observa que, al dar de baja el inmovilizado de la empresa, se considera tanto su precio de adquisición como su amortización acumulada, es decir, se da de baja su valor neto contable, siendo este 1000 – 400 = 600 €.
- La venta se realiza por un valor de 800 €, es decir, se está vendiendo 200 € (800 de venta, contra los 600 € de su valor neto contable) por encima del valor que se tiene reconocido en los libros para este bien, lo que supone un beneficio para la empresa. Se ve recogido en la cuenta 771-Beneficios procedentes del inmov. material.
- La base imponible del IVA es el importe de la contraprestación, es decir, los 800 €, generando así la siguiente cuota:
  - 21 % sobre 800 € = 168 €.
- El importe efectivo que realmente se recibe (cuenta bancos) es el valor de la venta más el IVA aplicado:
  - 800 + 168 = 968 €.

Devoluciones de compras

Devoluciones de compras, ya sea por incumplimiento de las condiciones de pedido o por mal estado de las mercancías entregadas. En estos casos, como en las compras, se debe modificar la base imponible del IVA por la parte correspondiente a las mercancías devueltas.

Ejemplo

Devuelven 500 € en mercaderías por estar en mal estado. Estas mercaderías aún no habían sido pagadas.

Se registrará:

Continúa en página siguiente >>

<< Viene de página anterior

Cuenta		Descripción	Debe (EUR)	Haber (EUR)
708	Devoluciones ventas	Devolución mercancias mal estado	500,00	
477	H.P. IVA repercutido	Devolución mercancias mal estado	105,00	
430	Clientes	Devolución mercancias mal estado		605,00

Rappel por venta

Respecto a los *rappel* por ventas, el PGC propone la cuenta 709 para recoger estos descuentos que la empresa realiza a sus clientes por alcanzar un determinado volumen de compras.

Como ya se ha visto, el *rappel* puede aplicarse dentro de una factura o se puede conceder en factura independiente.

A continuación, se va a exponer el siguiente ejemplo:

Vendemos a un cliente mercancías por 700 €, aplicándole un descuento en factura por volumen de compras de 100 €. La operación se realiza a crédito.

Se registra la operación de la siguiente manera:

Cuenta		Descripción	Debe (EUR)	Haber (EUR)
700	Ventas mercaderías	Ventas a crédito		600,00
477	H.P. IVA repercutido	Ventas a crédito		126,00
430	Clientes	Ventas a crédito	726,00	

La aplicación en factura del descuento supone una disminución de la base imponible (700 – 100 = 600 €), sobre la que se aplica el IVA (21 % sobre 600 = 126 €).

Si en vez de reflejar el descuento en factura se realizara de forma independiente en otra factura aparte, sería:

Cuenta		Descripción	Debe (EUR)	Haber (EUR)
700	Ventas mercaderías	Ventas a crédito		700,00
477	H.P. IVA repercutido	Ventas a crédito		147,00
430	Clientes	Ventas a crédito	847,00	

A la recepción de la factura con el *rappel:*

709	*Rappels* ventas	Descuento por volumen	100,00	
477	IVA repercutido	Descuento por volumen	21,00	
430	Clientes	Descuento por volumen		121,00

Si se observa el mayor de la cuenta 477 – IVA Repercutido, se ve que su saldo es exactamente el mismo que en el caso en que el *rappel* se incluye en la factura:

DEBE	477 - IVA Repercutido HABER
	126,00 (descuento en factura)
21,00 (descuento fuera de factura)	147,00 (descuento fuera de factura)

Ventas con cobro anticipado

El devengo del IVA se produce en el momento en que se reciba el anticipo.

Generalmente, se usará la cuenta 438 – Anticipo de clientes hasta que se produzca el hecho imponible.

Ejemplo

Se recibe un anticipo de 5.500 € de un cliente a cuenta de unas ventas futuras.

El registro contable sería:

Cuenta		Descripción	Debe (EUR)	Haber (EUR)
438	Anticipo clientes	Anticipo ventas futuras		5.500,00
477	H.P. IVA repercutido	Anticipo ventas futuras		1.155,00
572	Bancos	Anticipo ventas futuras	6.655,00	

Cuando se produzca la entrega de bienes:

438	Anticipo clientes	Ventas contra anticipo recibido	5.500,00	
700	Ventas mercad.	Ventas contra anticipo recibido		5.500,00

5.3. IVA soportado no deducible

La norma de valoración número 12 del PGC, establece que “el IVA soportado no deducible formará parte del precio de adquisición de los activos corrientes y no corrientes, así como de los servicios, que sean objeto de las operaciones gravadas por el impuesto”.

Esto significa que el IVA, cuando no sea deducible, supondrá un gasto para la empresa, en contra del efecto neutro que se ha visto que presenta el IVA deducible. De ahí que no se pueda usar la cuenta 472, sino que se usará la misma cuenta del bien o servicio de la operación que presente el IVA que no sea deducible.

Los artículos 95 y 96 de la Ley 37/1992 regulan las limitaciones a la deducción del IVA.

Como norma general, la ley establece que no pueden deducirse las cuotas soportadas o satisfechas por las adquisiciones o importaciones de bienes o servicios que no se afecten, directa y exclusivamente, a su actividad empresarial, aunque también contempla la posibilidad de algunos bienes que estén afectos parcialmente a la actividad, permitiendo en ese caso una deducción parcial de la cuota de IVA en proporción a la afectación que tenga a la actividad de la empresa.

Este es el caso de los coches de empresa, recogido de forma expresa en la ley, estableciendo una deducibilidad del 50 % por defecto, salvo algunos casos en que el 100 % es deducible, y permitiendo en cualquier caso una deducibilidad mayor al 50 % en aquellas situaciones en las que se justifique una afectación superior a la actividad.

Sabía que...

En las inspecciones fiscales, es común que los inspectores consideren una deducibilidad de los coches de empresa por 4/7 de su cuota de IVA, justificando esta deducibilidad en que si la semana tiene 7 días, el coche no está afecto a la actividad los sábados, domingos y las tardes (considerando la suma de ellas como un día), por lo que en la semana habría 3 días no afectos y 4 afectos, es decir 4/7.

La ley también especifica algunos objetos cuyas cuotas soportadas de IVA no podrán ser objeto de deducción en ninguna proporción, como pueden ser las joyas, piedras preciosas, bienes destinados a atenciones a clientes o empleados, etcétera.

Aplicación práctica

Una empresa tiene un gasto por alquiler de coches para sus empleados de 1.500 €. El responsable de contabilizar esta operación tiene algunas dudas sobre cómo realizarla, ya que no sabe si puede deducirse todo el IVA y cómo debe realizar el asiento.

¿Podría usted ayudarle?

SOLUCIÓN

El único problema que presenta la contabilización de este asiento es la deducibilidad del IVA.

Siguiendo el artículo 95.3 de la Ley 37/1992, sobre las limitaciones al derecho a deducir, se establece que los vehículos "se presumirán afectados al desarrollo de la actividad empresarial o profesional en la proporción del 50 por 100".

Se conoce el gasto, que son 1.500 €, a lo que le correspondería una cuota de IVA de: 21 % sobre 1.500 = 315 €.

De estos 315 €, el 50 % será deducible (157,50 €) y el otro 50 % no será deducible (los otros 157,50 €), suponiendo un mayor valor y coste del servicio gravado.

Así, se tiene que el asiendo a realizar sería el siguiente:

Cuenta		Descripción	Debe (EUR)	Haber (EUR)
621	Arrendamientos y cánones	Alquiler vehículos	1.657,50	
472	IVA soportado	Alquiler vehículos	157,50	
410	Acreedores	Alquiler vehículos		1.815,00

Continúa en página siguiente >>

<< Viene de página anterior

De esta forma:

- El total de coste sería 1.500 + 157,50 = 1.657,50 €.
- El IVA deducible sería de 157,50 €.
- El total que se debe al acreedor sería la suma de los importes de coste e IVA soportado deducible: 1.657,50 + 157,50 = 1.815 €.

---

6. El IVA en las operaciones intracomunitarias

El IVA en las operaciones intracomunitarias tiene un tratamiento distinto, recogido igualmente en la Ley 37/1992.

Se entiende por adquisición intracomunitaria de bienes la obtención del poder de disposición sobre bienes muebles corporales por acuerdos de ventas de bienes en consigna; o sobre bienes muebles corporales expedidos o transportados al territorio de aplicación del impuesto, con destino al adquirente (persona que compra), desde otro Estado miembro, por el transmitente (persona que vende), el propio adquirente o un tercero en nombre y por cuenta de cualquiera de los anteriores (un transportista independiente).

Definición

Operaciones intracomunitarias
Aquellas entregas y adquisiciones de bienes y servicios que se realizan entre empresas situadas en distintos Estados miembros de la Unión Europea.

Por entrega intracomunitaria se considera la puesta a disposición de bienes materiales corporales a empresarios o profesionales establecidos en cualquier Estado miembro de la Unión Europea distinto de España, que será el país origen de las mercancías y que serán transportados por el vendedor, el adquirente o un tercero, actuando en nombre de los anteriores.

Para poder reconocer una operación intracomunitaria, es necesario conocer los países que forman parte de la Unión Europea, entre los cuales se desarrollarán este tipo de operaciones.

En la actualidad son 27 los países miembros de la Unión Europea:

- Austria.
- Bélgica.
- Bulgaria.
- Chipre.
- Chequia.
- Dinamarca.
- Eslovaquia.
- Eslovenia.
- España.
- Estonia.
- Finlandia.
- Francia.
- Alemania.
- Grecia.
- Hungría.
- Irlanda.
- Italia.
- Letonia.
- Lituania.
- Luxemburgo.
- Malta.
- Holanda.
- Polonia.
- Portugal.
- Rumania.
- Suecia.
- Croacia.

Sabía que...

El lema oficial de la Unión Europea, adoptado en mayo de 2000, es “Unida en la diversidad”.

6.1. Identificar facturas con IVA intracomunitario

Debido a la peculiaridad que presenta el IVA en las operaciones intracomunitarias, su reconocimiento se basará principalmente en la identificación de los países entre los que se genera la transacción, ya que, como se verá a continuación, en estas operaciones el IVA tiene su efecto aún sin estar explícitamente reconocido en las facturas que se generan.

Por ello, al enfrentarse a una operación comercial entre España y otro país, lo primero que se hará es reconocer si ese otro país es o no miembro de la Unión Europea, para ver si se puede tratar o no la operación como intracomunitaria.

Sabía que...

Las particularidades del IVA, en las operaciones intracomunitarias, están recogidas en el apartado *El IVA en operaciones de comercio exterior* de la página web de la Agencia Tributaria.

Entregas intracomunitarias

En primer lugar, hay que saber que las entregas de mercancías entre países de la Unión Europea están exentas, tributando únicamente en destino. Pero para que estén exentas deben de cumplirse dos condiciones:

- Que la mercancía sea transportada o expedida desde un Estado miembro a otro distinto, también miembro, por cuenta del vendedor, el comprador o un tercero por cuenta de alguno de ellos.
- Que la empresa destinataria de las mercancías sea sujeto pasivo del IVA de su país y esté identificada a tal efecto en el censo de operadores intracomunitarios.

El motivo de la existencia de un censo para operadores intracomunitarios es facilitar a las empresas que realizan entregas intracomunitarias la justificación de la no repercusión del IVA en sus facturas debido a la exención a la que se acoge este tipo de operaciones.

Es así el vendedor el responsable de probar que la operación se realiza en otro Estado miembro de la Unión Europea y que, por lo tanto, está exenta.

Por ello, todas las empresas que operen a nivel intracomunitario tienen que darse de alta en el Registro de Operadores Intracomunitarios (ROI), lo que hace que estén incluidas en el censo **VIES** (del inglés, *Value Added Tax Information Exchange System* - Sistema de Intercambio de Información del IVA). Y automáticamente, se asignará el NIF-IVA intracomunitario.

Las empresas que realizan entregas intracomunitarias comprobarán, a través de los sistemas de información del censo VIES, facilitados por las autoridades tributarias de cada Estado miembro, que el destinatario de las mercancías está inscrito como operador intracomunitario, permitiéndole esta comprobación la justificación de la exención y, por lo tanto, la emisión de la factura sin IVA.

Recuerde

Es responsabilidad del vendedor asegurarse de que el destinatario está registrado como operador intracomunitario.

A través de la página de la Agencia Tributaria se puede comprobar si la empresa a la que se le está vendiendo, situada en otro Estado miembro, está inscrita en el censo VIES.

Para la verificación de operadores intracomunitarios, es necesario que la empresa posea un certificado electrónico, que es una firma digital concedida a una empresa o particular y que vale para identificar y autentificar a las mismas. Para su obtención, es necesario cumplimentar y aportar una serie de documentación a la Agencia Tributaria.

La página de verificación de operadores intracomunitarios españoles mostrará el siguiente aspecto:

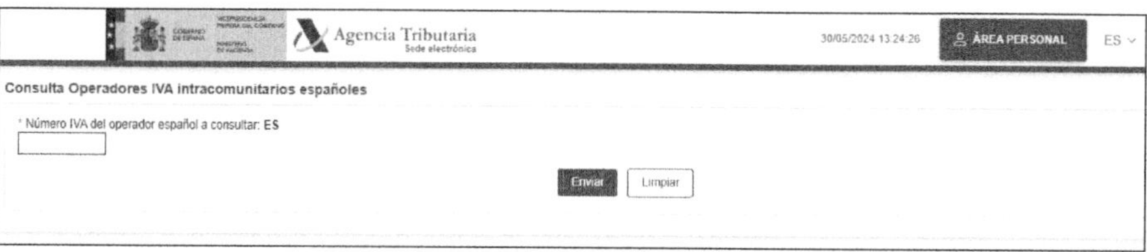

En esta pantalla, se deberá introducir el número del NIF-IVA de la empresa que se quiera comprobar y se pulsará finalmente en **Enviar.** El sistema dará una respuesta, indicando si la empresa, cuyo número de identificación se ha comprobado, está o no inscrita en el censo VIES. Un ejemplo de la respuesta obtenida puede ser la que se presenta en la siguiente imagen:

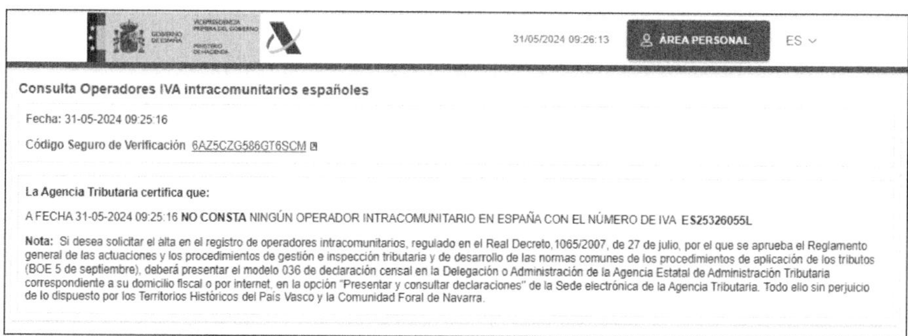

En este caso, se ve que el operador consultado no consta como operador intracomunitario español.

Para obtener el NIF-IVA intracomunitario es necesario darse de alta en el **Registro de Operadores Intracomunitarios (ROI),** a través de la cumplimentación y presentación del modelo 036. La obligatoriedad de disponer del NIF-IVA está sujeta a la realización de ciertas operaciones que se pueden consultar a través de las herramientas tributarias disponibles para el IVA, "Localizador de entregas de bienes" y "Localizador de prestación de servicios".

En el caso de la identificación de una empresa española en otro Estado miembro de la UE es necesario solicitar que obtenga el N-VAT, cuyo procedimiento está disponible en la página web de la Comisión Europea.

Nota

Las facturas emitidas en operaciones intracomunitarias deberán contener siempre el número de identificación a efectos de IVA del vendedor y del comprador.

En casos en que la empresa a la que se va a hacer la entrega intracomunitaria no esté registrada en el censo VIES, no se podrá justificar que la operación está exenta de IVA, por lo que la factura deberá incluirlo.

En esta situación, la empresa que recibe los bienes, al no estar situada en el ámbito de aplicación del impuesto español, deberá solicitar su devolución a la Agencia Tributaria española a través de un procedimiento especial que existe a tal efecto.

Importante

La no inclusión en el censo VIES de una empresa que esté realizando operaciones intracomunitarias no supone la no exención de la operación, sino que esta exención no puede justificarse a priori por parte del vendedor. De ese modo, el vendedor lo incluirá en su factura y el comprador debe ser el que justifique ante la Agencia Tributaria correspondiente que la operación está dentro de las exentas según la normativa aplicable, solicitando en su caso la devolución pertinente de las cuotas soportadas.

Aplicación práctica

Como operador intracomunitario, va a realizar una entrega intracomunitaria por valor de 50.000 €. Realizando las comprobaciones pertinentes, observa que el comprador no está dado del alta en el censo VIES.

¿Cómo realizaría, a efectos de IVA, la factura? ¿Qué efectos tendría en el comprador?

SOLUCIÓN

Inicialmente, la operación propuesta está exenta, al ser una entrega intracomunitaria, pero, al no poder justificarla a través de la inscripción del comprador en el censo de operadores intracomunitarios, debe emitirse la factura incluyendo su IVA correspondiente.

En caso de ser una operación sujeta al tipo general, se emitiría una factura por valor de 60.500 € (50.000 € + 21 % IVA).

El comprador, deberá solicitar el IVA pagado a la Agencia Tributaria del país vendedor a través de los procedimientos establecidos al efecto.

Existe un sistema de verificación de las empresas como operadores intracomunitarios a través de la página web de la Comisión Europea (https://ec.europa.eu/taxation_customs/vies/#/vat-validation) que permite verificar el número de identificación de IVA y, si el Estado miembro da su autorización, datos como el nombre y la dirección de las empresas.

Adquisiciones intracomunitarias

El artículo 13 de la Ley 37/1992 establece que están sujetas al impuesto:

- Las adquisiciones intracomunitarias de bienes efectuadas a título oneroso por empresarios, profesionales o personas jurídicas que no actúen como tales, es decir, como empresarios o profesionales, cuando el transmitente sea un empresario o profesional.
- Las adquisiciones intracomunitarias de medios de transporte nuevos, efectuadas a título oneroso, cualquiera que sea el destinatario y cualquiera que sea la condición del transmitente.

A estas operaciones se les aplica el mecanismo de la "autorepercusión".

Como se ha visto antes, las entregas intracomunitarias, si se cumplen las condiciones establecidas, están exentas. Por lo tanto, si se está realizando una adquisición intracomunitaria, como contraparte de la entrega, se recibirá la factura sin IVA y es entonces donde se aplicará la autorepercusión del impuesto.

La autorepercusión consiste en que la empresa registrará contablemente un IVA soportado y repercutido por el mismo importe, según el tipo de gravamen que le corresponda a la operación, teniendo un efecto neto nulo para el adquirente.

Consejo

Es muy recomendable crear subcuentas específicas para los IVA soportado y repercutido asociados a operaciones intracomunitarias, ya que esto simplificará la realización de las declaraciones trimestrales, en las que se reflejarán de forma separada. Así, se podrían crear, como ejemplo, las siguientes cuentas:

Continúa en página siguiente >>

<< Viene de página anterior

- 4729 – Hacienda Pública – IVA soportado intracomunitario.
- 4779 – Hacienda Pública – IVA repercutido intracomunitario.

El IVA se devengará siguiendo los mismos criterios que para las operaciones interiores, con la única salvedad de que los pagos anticipados no provocan el devengo del impuesto, que se produce por el importe íntegro en el momento de la adquisición del bien.

Sabía que...

A través del modelo 349 se cumple la obligación de suministrar a la Administración Tributaria información de las operaciones intracomunitarias realizadas por las empresas.

Aplicación práctica

Una empresa situada en Málaga compra a un proveedor situado en Malta mercancías por valor de 75.000 €. Ambos se encuentran inscritos en el censo de operadores intracomunitarios. Un mes antes de la entrega, la empresa de Málaga realiza un pago anticipado de 30.000 €.

¿En qué momento se produce el devengo del impuesto y qué impacto fiscal tiene sobre la empresa malagueña la compra realizada?

SOLUCIÓN

Al ser España y Malta países miembros de la UE, se trata de una operación intracomunitaria. Para la empresa malagueña, concretamente, una adquisición intracomunitaria. Al

Continúa en página siguiente >>

<< Viene de página anterior

estar las dos empresas inscritas en el censo VIES, la entrega estará exenta, por lo que la empresa malagueña recibirá la factura sin IVA. Como se sabe, los pagos anticipados no devengan el IVA en las operaciones intracomunitarias, por lo que todo el IVA se devengará en el momento de la entrega. En ese momento, la empresa de Málaga aplicará la autorepercusión del impuesto contemplada para estas operaciones, de modo que registrará en su contabilidad:

- IVA soportado operaciones intracomunitarias, por valor de 15.750 € (21 % sobre 75.000 €).
- IVA repercutido operaciones intracomunitarias, por valor de 15.750 €.

El efecto neto es, por tanto, cero.

6.2. Contabilización

Vistas las entregas y adquisiciones intracomunitarias, cómo se identifican y el tratamiento fiscal que tienen, se verá a continuación cómo se recogen en los libros contables.

Las **entregas intracomunitarias** están exentas, por lo cual no deberá registrase IVA. Las facturas que se emitan en este tipo de operaciones son sin IVA y el asiento contable supondría:

- Cargar una cuenta de clientes (si la operación es a crédito) o tesorería (si es por operaciones bancarias) por el valor de la operación.
- Abonar una cuenta, generalmente del grupo 7.

Ejemplo

Supóngase una empresa de Madrid que vende mercancías por valor de 25.000 € a una empresa alemana, ambas inscritas en VIES.

Continúa en página siguiente >>

<< Viene de página anterior

Se trata de una entrega intracomunitaria, exenta, realizándose el siguiente asiento:

Cuenta		Descripción	Debe (EUR)	Haber (EUR)
7001	Ventas mercaderías UE	Ventas a Alemania		25.000,00
4301	Clientes UE	Ventas a Alemania	25.000,00	

Se observa que se han creado cuentas específicas para recoger tanto las ventas realizadas a la UE como para los clientes asociados a estas ventas. Esto, sin ser obligatorio, como ya se sabe, puede ser de mucha utilidad.

Las **adquisiciones intracomunitarias** se acogen al mecanismo de la autorepercusión del impuesto, por lo cual deberán registrarse un IVA soportado y uno repercutido por el mismo importe. Las facturas que se reciban en este tipo de operaciones van sin IVA y es responsabilidad de la empresa identificar la operación de que se trata, contabilizarla correctamente y declararla posteriormente a la Agencia Tributaria.

El asiento contable que se realizará consiste en:

- Cargar el gasto o los bienes recibidos, generalmente a los grupos 2 y 6.
- Abonar una cuenta de proveedores o acreedores (si la compra es a crédito) o de tesorería (si es por operaciones bancarias).
- Cargar la cuenta 472 – IVA soportado (o subcuenta que se habilite para el registro de las cuotas de operaciones intracomunitarias) por la cuota resultante de aplicar el tipo de gravamen correspondiente.
- Abonar la cuenta 477 – IVA repercutido (o subcuenta que se habilite para el registro de las cuotas de operaciones intracomunitarias) por la cuota resultante de aplicar el tipo de gravamen correspondiente.

Ejemplo

Una empresa de Murcia compra mercancías a una empresa de Rumanía por valor de 14.000 €. Ambas empresas están inscritas en el registro de operadores intracomunitarios.

Se trata, para la empresa murciana, de una adquisición intracomunitaria. Recibirá una factura sin IVA (ya que la empresa rumana se acogerá a la exención de la operación) y realizará el asiento contable aplicando la autorepercusión del impuesto, de la siguiente manera:

Cuenta		Descripción	Debe (EUR)	Haber (EUR)
6001	Compras mercaderías UE	Compras a Rumanía	14.000,00	
4001	Proveedores UE	Compras a Rumanía		14.000,00
4729	H.P. IVA soport. Intracom.	Compras a Rumanía	2.940,00	
4779	H.P. IVA repercut. Intracom.	Compras a Rumanía		2.940,00

Se aprecia que, para todas las cuentas, se han creado subcuentas específicas para las operaciones de la UE.

Se autorrepercute la cuota de IVA (2.940 € = 21 % sobre 14.000 €), registrándola como IVA soportado y como IVA repercutido por el mismo importe, con un resultado neto fiscal neutro.

7. Liquidación del impuesto

Como ya se ha visto anteriormente, el IVA es un impuesto neutro para las empresas y es soportado en última instancia por el consumidor final de los bienes y servicios.

Las empresas actúan como recaudadoras del IVA, repercutiéndolo cuando realizan sus ventas (y se realiza el hecho imponible del impuesto) y soportándolo cuando realizan compras en relación a su actividad comercial o productiva.

Recuerde

Cuando una empresa repercute el IVA, lo que hace es cobrarlo por cuenta de la Administración Tributaria, para posteriormente pagárselo.

El IVA que soporta una empresa supone una deducción del importe que deberá pagarse a la Administración Tributaria.

De este modo, periódicamente se establece la liquidación del impuesto, que no es otra cosa que comparar el IVA repercutido y soportado para ver si la empresa tiene un saldo deudor o acreedor frente a la Administración Tributaria.

7.1. Plazos de declaración-liquidación

El plazo para la presentación de las declaraciones-liquidaciones de IVA varía en función del tipo de empresa, actividad, o incluso voluntariedad del sujeto pasivo.

De forma general, la Agencia Tributaria considera los trimestres naturales como periodos en los que deben realizarse las liquidaciones de IVA. Con objeto de que se tenga tiempo para la elaboración y revisión de la información suministrada, la fecha máxima para la presentación de las declaraciones son los días 20 del mes siguiente al del cierre del periodo (o día siguiente si este cae en festivo), salvo para el último trimestre, cuya presentación puede realizarse hasta el 31 del mes siguiente.

Se resume en el siguiente cuadro:

Periodo liquidación IVA	Fecha tope presentación declaración
1 de Enero - 31 de Marzo	20 de Abril
1 de Abril - 30 de Junio	20 de Julio
1 de Julio - 30 de Septiembre	20 de Octubre
1 de Octubre - 31 de Diciembre	31 de Enero

Si bien este es el criterio general, los periodos de liquidación del impuesto serán mensuales en los siguientes casos:

- Para las empresas o profesionales cuyo volumen de operaciones supere los 6.010.121,04 € anuales (Grandes Empresas).
- Para los sujetos pasivos del impuesto inscritos en el Registro de devolución mensual (REDEME), siendo esta inscripción de carácter voluntario para las empresas que quieran realizarlo.
- Para los sujetos pasivos que tributen en régimen especial del grupo de entidades (también conocido como "VAT Grouping"), por el que un grupo de empresas, representadas por la entidad dominante, presenta la declaración consolidada del impuesto, compensando los saldos, a ingresar y a devolver, derivados de los resultados finales de sus declaraciones-liquidaciones individuales.

Al igual que para declaraciones de periodicidad trimestral, las mensuales se presentarán como máximo los días 20 del mes siguiente al cierre del periodo (o día siguiente si este cae en festivo), salvo para el último periodo, cuya presentación puede realizarse hasta el 30 del mes siguiente.

En resumen:

Periodo liquidación IVA	Fecha tope presentación declaración
1 de Enero - 31 de Enero	20 de Febrero
1 de Febrero - 28 de Febrero	20 de Marzo
1 de Marzo - 31 de Marzo	20 de Abril
1 de Abril - 30 de Abril	20 de Mayo
1 de Mayo - 31 de Mayo	20 de Junio
1 de Junio - 30 de Junio	20 de Julio
1 de Julio - 31 de Julio	20 de Agosto
1 de Agosto - 31 de Agosto	20 de Septiembre
1 de Septiembre - 30 de Sept.	20 de Octubre
1 de Octubre - 31 de Octubre	20 de Noviembre
1 de Noviembre - 30 de Noviembre	20 de Diciembre
1 de Diciembre - 31 de Diciembre	30 de Enero

Sabía que...

En la página web de la Agencia Tributaria hay un calendario del contribuyente, donde se especifican las fechas en las que deben presentarse los distintos tipos de impuestos.

Se puede acceder directamente a él a través del siguiente enlace:

<https://sede.agenciatributaria.gob.es/Sede/calendario-contribuyente.html>

7.2. Cómo se realiza una liquidación de IVA

A la hora de realizar la liquidación del IVA, se compararán el IVA repercutido y el soportado del periodo correspondiente, de modo que:

- Si el IVA repercutido es mayor que el soportado deducible, la empresa tendrá un saldo acreedor con la Agencia Tributaria, es decir, tendrá que realizar un ingreso a su favor para conseguir el efecto neutro del impuesto, ya que la empresa habrá recaudado en su nombre más IVA del que se ha deducido por las compras efectuadas.
- Si el IVA repercutido es menor que el soportado deducible, la empresa tendrá un saldo deudor con la Agencia Tributaria, de forma que por esta diferencia tendrá que abonar o compensar (saldos acreedores de periodos futuros) a la empresa, para conseguir el efecto neutro del impuesto. En este caso la empresa habrá pagado por las compras una mayor cantidad de IVA del que debe remitir a la Administración.

Recuerde

IVA repercutido > IVA soportado » Saldo acreedor con la Agencia Tributaria.

IVA repercutido < IVA soportado » Saldo deudor con la Agencia Tributaria.

Para recoger estas posiciones de la empresa respecto a la Agencia Tributaria en relación al IVA, el PGC dispone de dos cuentas contables:

- 4700 – Hacienda Pública, deudora por IVA, para recoger el exceso, en cada periodo impositivo, del IVA soportado deducible sobre el IVA repercutido. Es una cuenta de naturaleza deudora.

- 4750 – Hacienda Pública, acreedora por IVA, para recoger el exceso, en cada periodo impositivo, del IVA repercutido sobre el IVA soportado deducible. Es una cuenta de naturaleza acreedora.

Contablemente, la liquidación del IVA consiste en saldar las cuentas 472 – Hacienda Pública IVA soportado y 477 – Hacienda Pública IVA repercutido, llevando la diferencia, según corresponda, a una de las cuentas anteriores que muestran la posición deudora o acreedora de la empresa con la Administración pública.

A continuación, se van a exponer varios ejemplos:

Ejemplo 1:

Supóngase una empresa que al final de un periodo de liquidación del IVA presenta las siguientes cuentas:

DEBE	472 - IVA Soportado	HABER
250,00		
630,00		
200,00		
1.080,00		

DEBE	477 - IVA Repercutido	HABER
		800,00
		500,00
		1.100,00
		2.400,00

Para realizar la liquidación del IVA, debe saldarse:

- La cuenta 472, que, al tener un saldo deudor, deberá abonarse por el mismo importe de su saldo.
- La cuenta 477, que, al tener un saldo acreedor, deberá cargarse por el mismo importe de su saldo.

Se ve que, al ser mayor el saldo de la cuenta del IVA repercutido que el de la cuenta del IVA soportado, la empresa tendrá una posición acreedora con la Agencia Tributaria, lo que se recogerá en la cuenta 4750, siendo su importe:

IVA repercutido – IVA soportado = 2.400 – 1.080 = 1.320 €

Se realizaría el siguiente asiento:

Cuenta		Descripción	Debe (EUR)	Haber (EUR)
472	H.P. IVA soportado	Liquidación IVA		1.080,00
477	H.P. IVA repercutido	Liquidación IVA	2.400,00	
4750	H.P.acreedora IVA	Liquidación IVA		1.320,00

Cuando se realice el ingreso a la Agencia tributaria, se contabilizará:

Cuenta		Descripción	Debe (EUR)	Haber (EUR)
4750	H.P. acreedora IVA	Pago Liquidación IVA	1.320,00	
572	Bancos	Pago Liquidación IVA		1.320,00

Si se trascriben estas operaciones al libro mayor, puede observarse cómo quedan las cuentas que se han usado:

DEBE	472 - IVA Soportado HABER
250,00	
630,00	1.080,00
200,00	
0,00	

DEBE 477 - IVA Repercutido	HABER
	800,00
2.400,00	500,00
	1.100,00
	0,00

DEBE	4750 - H.P. Acreedora IVA	HABER
1.320,00		1.320,00
		0,00

DEBE	572 - Bancos	HABER
		1.320,00
		1.320,00

Aquí puede observarse el efecto neutro del impuesto, ya que al final del periodo de liquidación todas las cuentas quedan saldadas y la salida de dinero del banco queda finalmente compensada con entradas por el mismo importe, al cobrar en la facturas de venta el IVA que se repercute a los clientes.

Se verá ahora el caso contrario, en que la situación de la empresa es deudora respecto a la Administración pública.

Ejemplo 2:

Supóngase una empresa que al final de un periodo de liquidación del IVA presenta las siguientes cuentas:

DEBE	472 - IVA Soportado	HABER
450,00 1.600,00 300,00		
2.350,00		

DEBE	477 - IVA Repercutido	HABER
		960,00 150,00 600,00
		1.710,00

Para realizar la liquidación, se saldarán las cuentas 472 y 477, llevando la diferencia a la cuenta que corresponda según la posición deudora o acreedora de la empresa respecto a la Agencia Tributaria.

En este caso, se observa que el IVA soportado es mayor que el repercutido, por lo que la empresa tendrá un saldo deudor de:

IVA soportado – IVA repercutido = 2.350 – 1.710 = 640 €

Se realizaría el siguiente asiento:

Cuenta		Descripción	Debe (EUR)	Haber (EUR)
472	H.P. IVA soportado	Liquidación IVA		2.350,00
477	H.P. IVA repercutido	Liquidación IVA	1.710,00	
4700	H.P. Deudora IVA	Liquidación IVA	640,00	

Este saldo deudor será compensado con saldos acreedores de futuros periodos de liquidación.

Imagínese que en el siguiente periodo de liquidación, la misma empresa repercute un IVA por valor de 3.000 € y soporta un IVA deducible por valor de 1.400 €. Para este periodo, tendría un saldo acreedor de 1.600 €, pero se compensará parcialmente con el saldo deudor del periodo anterior (640 €), resultando un saldo final acreedor de 960 € (1.600 – 640 €).

Contablemente, se registraría de la siguiente manera:

Cuenta		Descripción	Debe (EUR)	Haber (EUR)
472	H.P. IVA soportado	Liquidación IVA		1.400,00
477	H.P. IVA repercutido	Liquidación IVA	3.000,00	
4700	H.P. Deudora IVA	Liquidación IVA		640,00
4750	H.P. Acreedora IVA	Liquidación IVA		960,00

Trascribiendo estas operaciones al libro mayor, las cuentas presentarían la siguiente situación:

DEBE	472 - IVA Soportado	HABER
450,00 1.600,00 300,00 1.400,00		2.350,00 1.400,00
		0,00

DEBE	477 - IVA Repercutido	HABER
1.710,00 3.000,00		960,00 150,00 600,00 3.000,00
		0,00

DEBE	4700 H.P. Deudor IVA	HABER
640,00		640,00
		0,00

DEBE	4750 H.P. Acreedor IVA	HABER
		960,00
		960,00

Las empresas que a 31 de diciembre de cada año presenten un saldo deudor por IVA, pueden optar por solicitar la devolución del IVA en vez de la compensación en futuros periodos. La devolución supone que la Administración Tributaria realiza un pago a la empresa por el saldo debido, cancelando la deuda existente.

Ejemplo

Si en el ejemplo, cuando se tenía un saldo deudor de 640 €, este se hubiese producido en el último periodo de IVA del año natural, a 31 de diciembre, la empresa podría haber optado por solicitar la devolución a la Agencia Tributaria, lo que registraría, cuando recibiese el dinero, del siguiente modo:

Continúa en página siguiente >>

<< Viene de página anterior

Cuenta		Descripción	Debe (EUR)	Haber (EUR)
4700	H.P. Deudora IVA	Cobro Liquidación IVA		640,00
572	Bancos	Cobro Liquidación IVA	640,00	

En este caso, el libro mayor presentaría la siguiente situación:

DEBE	472 - IVA Soportado	HABER
450,00 1.600,00 300,00		2.350,00
0,00		

DEBE	477 - IVA Repercutido	HABER
1.710		960,00 150,00 600,00
		0,00

DEBE	4700 - H.P. Deudora IVA	HABER
640,00		640,00
		0,00

DEBE	572 - Bancos	HABER
640,00		
640,00		

Obligaciones formales con la Administración Tributaria respecto a la liquidación del IVA

Si bien se acaba de ver cómo se contabiliza una liquidación de IVA, no se puede olvidar que estos asientos son el registro contable de la obligación tributaria de presentar a la Agencia Tributaria la declaración-liquidación trimestral/mensual, según corresponda, en relación al IVA.

Recuerde

Las empresas que, a 31 de diciembre, presenten un saldo deudor por IVA pueden optar por compensarlo en futuros periodos o solicitar la devolución a la Agencia Tributaria

Esta declaración-liquidación se hace a través del Modelo 303 de la Administración Tributaria, en el que se reflejarán los datos relativos al IVA durante el periodo referido, obteniendo el resultado final de la liquidación.

Nota

El Modelo 303 es el soporte documental justificativo de los asientos de liquidación de IVA de las empresas.

En resumen, a la hora de liquidar el IVA, deberán realizarse las siguientes acciones:

- Cumplimentar el Modelo 303 según la información obtenida a través de la contabilidad de la empresa.
- Presentación del Modelo 303 en la Administración Tributaria en los plazos determinados para ello.
- Contabilizar la liquidación del IVA, usando como soporte documental el Modelo 303 presentado.

El modelo 303 se regula a través de la Orden EHA/3786/2008, de 29 de diciembre. Consta de 6 hojas en las que se suministra información sobre la identificación de la empresa, datos económicos del régimen al que está acogida (general, simplificado, criterio de caja, etc.), liquidación, resultado, información complementaria, etc. Este modelo se presenta de forma telemática a través de la página web de la Agencia Tributaria.

MINISTERIO DE HACIENDA Y FUNCIÓN PÚBLICA

Agencia Tributaria

Teléfono: 901 33 55 33
https://sede.agenciatributaria.gob.es

Modelo **303**

Identificación (1)

Devengo (2) Ejercicio [ ] Periodo [ ]

NIF [ ] Apellidos y nombre o Razón social [ ]

[ ] **Tributación exclusivamente foral.** Sujeto pasivo que tributa exclusivamente a una Administración tributaria Foral con IVA a la importación liquidado por la Aduana pendiente de ingreso

Espacio reservado para numeración por código de barras

Sujeto pasivo inscrito en el Registro de devolución mensual (art. 30 RIVA) [ ]
Sujeto pasivo que tributa exclusivamente en régimen simplificado [ ]
Autoliquidación conjunta [ ]
Sujeto pasivo acogido al régimen especial del criterio de Caja (art. 163 undecies LIVA [ ]
Sujeto pasivo destinatario de operaciones acogidas al régimen especial del criterio de caja [ ]
Opción por la aplicación de la prorrata especial (art. 103.Dos.1° LIVA) [ ]
Revocación de la opción por la aplicación de la prorrata especial (art. 103.Dos.1° LIVA) [ ]
Sujeto pasivo declarado en concurso de acreedores en el presente periodo de liquidación [ ]

Sujeto pasivo acogido voluntariamente al SII [ ]
Sujeto pasivo exonerado de la Declaración-resumen anual del IVA, modelo 390 [ ]
Sujeto pasivo con volumen anual de operaciones distinto de cero (art. 121 LIVA) [ ]

Fecha en que se dictó el auto de declaración de concurso: Día Mes Año [ ]

Si se ha dictado auto de declaración de concurso en este periodo indique el tipo de autoliquidación: Preconcursal [ ] Postconcursal [ ]

Liquidación (3)

Régimen general

IVA devengado	Base imponible	Tipo %	Cuota
Régimen general	150	151	152
	01	02	03
	153	154	155
	04	05	06
	07	08	09
Adquisiciones intracomunitarias de bienes y servicios	10		11
Otras operaciones con inversión del sujeto pasivo (excepto. adq. intracom)	12		13
Modificación bases y cuotas	14		15
Recargo equivalencia	156	157	158
	16	17	18
	19	20	21
	22	23	24
Modificaciones bases y cuotas del recargo de equivalencia	25		26
Total cuota devengada (152 + 03 + 155 + 06 + 09 + 11 + 13 + 15 + 158 + 18 + 21 + 24 + 26)			27

IVA deducible	Base	Cuota
Por cuotas soportadas en operaciones interiores corrientes	28	29
Por cuotas soportadas en operaciones interiores con bienes de inversión	30	31
Por cuotas soportadas en las importaciones de bienes corrientes	32	33
Por cuotas soportadas en las importaciones de bienes de inversión	34	35
En adquisiciones intracomunitarias de bienes y servicios corrientes	36	37
En adquisiciones intracomunitarias de bienes de inversión	38	39
Rectificación de deducciones	40	41
Compensaciones Régimen Especial A.G. y P.		42
Regularización bienes de inversión		43
Regularización por aplicación del porcentaje definitivo de prorrata		44
Total a deducir (29 + 31 + 33 + 35 + 37 + 39 + 41 + 42 + 43 + 44)		45
Resultado régimen general (27 - 45)		46

Modelo 303

Modelo 303 NIF Apellidos y Nombre o Razón social Página 2

Régimen simplificado

A Actividades agrícolas, ganaderas y forestales

Actividad A_1				Actividad A_2			
Código	Volumen ingresos	Índice cuota	Cuota devengada	Código	Volumen ingresos	Índice cuota	Cuota devengada
1T, 2T, 3T: Porcentaje ingreso a cuenta %	Ingreso a cuenta A			Porcentaje ingreso a cuenta %	Ingreso a cuenta A		
4T: Cuota soportada operaciones corrientes	Cuota anual derivada del Régimen simplificado B			Cuota soportada operaciones corrientes	Cuota anual derivada del Régimen simplificado B		

B Actividades en régimen simplificado (excepto agrícolas, ganaderas y forestales)

Actividad B_1 — Epígrafe IAE	Nº unidades de módulo	Importe	Actividad B_2 — Epígrafe IAE	Nº unidades de módulo	Importe
Módulo 1			Módulo 1		
Módulo 2			Módulo 2		
Módulo 3			Módulo 3		
Módulo 4			Módulo 4		
Módulo 5			Módulo 5		
Módulo 6			Módulo 6		
Módulo 7			Módulo 7		

Actividad B_1		Actividad B_2	
Cuota devengada operaciones corrientes	C	Cuota devengada operaciones corrientes	C
Reducciones	D	Reducciones	D
1T, 2T, 3T: Índice corrector de actividades de temporada	Z	Índice corrector de actividades de temporada	Z
Porcentaje ingreso a cuenta	E %	Porcentaje ingreso a cuenta	E %
Ingreso a cuenta* ([C] - [D]) x [E]	F	Ingreso a cuenta* ([C] - [D]) x [E]	F

* Ver instrucciones para actividades de temporada y accesorias

Suma de ingresos a cuenta del conjunto de actividades ($A_1 + A_2 + A_3 + ... + F_1 + F_2 + F_3 + ...$) 47

Actividad B_1		Actividad B_2	
Cuotas soportadas operaciones corrientes	G	Cuotas soportadas operaciones corrientes	G
Índice corrector de actividades de temporada	H	Índice corrector de actividades de temporada	H
RESULTADO ([C] - [D] - [G]) x [H]	I	RESULTADO ([C] - [D] - [G]) x [H]	I
Porcentaje cuota mínima	J %	Porcentaje cuota mínima	J %
4T: Devolución cuotas soportadas otros países	K	Devolución cuotas soportadas otros países	K
Cuota mínima	L	Cuota mínima	L
Cuota anual derivada régimen simplificado	M	Cuota anual derivada régimen simplificado	M

Actividades A + B

Suma de cuotas derivadas régimen simplificado del conjunto de actividades ($B_1 + B_2 + ... + M_1 + M_2 + ...$)	48
Suma de ingresos a cuenta realizados en el ejercicio	49
Resultado (48 - 49)	50

Cuotas devengadas

Adquisiciones intracomunitarias de bienes	51
Entregas de activos fijos	52
IVA devengado por inversión del sujeto pasivo	53
Total cuota resultante: Si 1T, 2T, 3T: (47 + 51 + 52 + 53); Si 4T: (50 + 51 + 52 + 53)	54

IVA deducible

Adquisición o importación de activos fijos	55
Regularización bienes de inversión	56
Total IVA deducible (55 + 56)	57

Resultado régimen simplificado (54 - 57)	58

Modelo 303

Modelo **303** NIF Apellidos y Nombre o Razón social Página 3

Información adicional

Concepto	Casilla
Entregas intracomunitarias de bienes y servicios	59
Exportaciones y operaciones asimiladas	60
Operaciones no sujetas por reglas de localización (excepto las incluidas en la casilla 123)	120
Operaciones sujetas con inversión del sujeto pasivo	122
Operaciones no sujetas por reglas de localización acogidas a los regímenes especiales de ventanilla única	123
Operaciones sujetas y acogidas a los regímenes especiales de ventanilla única	124

Concepto	Base imponible	Cuota
Importes de las entregas de bienes y prestaciones de servicios a las que habiéndoles sido aplicado el régimen especial del criterio de caja hubieran resultado devengadas conforme a la regla general de devengo contenida en el art. 75 LIVA	62	63

Concepto	Base imponible	Cuota soportada
Importes de las adquisiciones de bienes y servicios a las que sea de aplicación o afecte el régimen especial del criterio de caja	74	75

Resultado

Concepto	Casilla
Regularización cuotas art. 80.Cinco.5ª LIVA	76
Suma de resultados (46 + 58 + 76)	64
Atribuible a la Administración del Estado .... 65 %	66
IVA a la importación liquidado por la Aduana pendiente de ingreso	77
Cuotas a compensar pendientes de periodos anteriores	110
Cuotas a compensar de periodos anteriores aplicadas en este periodo	78
Cuotas a compensar de periodos previos pendientes para periodos posteriores (110 - 78) (No se incluyen las cuotas a compensar generadas en este periodo)	87

Exclusivamente para sujetos pasivos que tributan conjuntamente a la Administración del Estado y a las Haciendas Forales. Resultado de la regularización anual. 68 euros

Concepto	Casilla
Resultado de la autoliquidación (66 + 77 - 78 + 68)	69
Resultados a ingresar de anteriores autoliquidaciones o liquidaciones administrativas correspondientes al ejercicio y periodo objeto de la autoliquidación	70
Devoluciones acordadas por la Agencia Tributaria como consecuencia de la tramitación de anteriores autoliquidaciones correspondientes al ejercicio y periodo objeto de la autoliquidación	109
Resultado (69 - 70 + 109)	71

Sin actividad (4)

Sin actividad ☐

Complementaria (5)

Si esta autoliquidación es complementaria de otra autoliquidación anterior correspondiente al mismo concepto, ejercicio y periodo, indíquelo marcando con una "X" esta casilla.

☐ Autoliquidación complementaria

En este caso, consigne a continuación el número de justificante identificativo de la autoliquidación anterior. Nº. de justificante

Modelo 303

Modelo **303** NIF Apellidos y Nombre o Razón social

A **Actividades a las que se refiere la declaración** (de mayor a menor importancia por volumen de operaciones) B **Código de actividad** C **Epígrafe IAE**

Principal

Otras

Si ha efectuado operaciones por las que tenga obligación de presentar la declaración anual de operaciones con terceras personas, marque una "X" .... D

Información de la tributación por razón de territorio (sólo para sujetos pasivos que tributan a varias Administraciones)

Álava..... 89 % Guipúzcoa ... 90 % Vizcaya .... 91 % Navarra...... 92 % Territorio común .... 107 %

Operaciones realizadas en el ejercicio

Concepto	Casilla	Importe
Operaciones en régimen general	80	
Operaciones a las que habiéndoles sido aplicado el régimen especial del criterio de caja hubieran resultado devengadas conforme a la regla general de devengo contenida en el art. 75 LIVA	81	
Entregas intracomunitarias de bienes y servicios	93	
Exportaciones y otras operaciones exentas con derecho a deducción	94	
Operaciones exentas sin derecho a deducción	83	
Operaciones no sujetas por reglas de localización (excepto las incluidas en la casilla 126)	84	
Operaciones sujetas con inversión del sujeto pasivo	125	
Operaciones no sujetas por reglas de localización acogidas a los regímenes especiales de ventanilla única	126	
Operaciones sujetas y acogidas a los regímenes especiales de ventanilla única	127	
Operaciones intragrupo valoradas conforme a lo dispuesto en los arts. 78 y 79 LIVA	128	
Operaciones en régimen simplificado	86	
Operaciones en régimen especial de la agricultura, ganadería y pesca	95	
Operaciones realizadas por sujetos pasivos acogidos al régimen especial del recargo de equivalencia	96	
Operaciones en Régimen especial de bienes usados, objetos de arte, antigüedades y objetos de colección	97	
Operaciones en régimen especial de Agencias de Viajes	98	
Entregas de bienes inmuebles, operaciones financieras y relativas al oro de inversión no habituales	79	
Entregas de bienes de inversión	99	
Total volumen de operaciones (art. 121 Ley IVA) (80 + 81 + 93 + 94 + 83 + 84 + 125 + 126 + 127 + 128 + 86 + 95 + 96 + 97 + 98 - 79 - 99)	88	

Modelo 303

Modelo 303 | NIF | Apellidos y Nombre o Razón social | Página 5

Prorrata

	CNAE (3 cifras)	Importe total de las operaciones	Importe de las operaciones con derecho a deducción	Tipo	% prorrata
1	500	501	502	503	504
2	505	506	507	508	509
3	510	511	512	513	514
4	515	516	517	518	519
5	520	521	522	523	524

Actividades con regímenes de deducción diferenciados

IVA deducible: Grupo 1

		Base imponible	Cuota deducible
IVA deducible en operaciones interiores	Bienes y servicios corrientes	700	701
	Bienes de inversión	702	703
IVA deducible en importaciones	Bienes corrientes	704	705
	Bienes de inversión	706	707
IVA deducible en adquisiciones intracomunitarias	Bienes corrientes y servicios	708	709
	Bienes de inversión	710	711
Compensaciones en régimen especial de la agricultura, ganadería y pesca		712	713
Rectificación de deducciones		714	715
Regularización de bienes de inversión			716
Suma de deducciones (701 + 703 + 705 + 707 + 709 + 711 + 713 + 715 + 716)			717

IVA deducible: Grupo 2

		Base imponible	Cuota deducible
IVA deducible en operaciones interiores	Bienes y servicios corrientes	718	719
	Bienes de inversión	720	721
IVA deducible en importaciones	Bienes corrientes	722	723
	Bienes de inversión	724	725
IVA deducible en adquisiciones intracomunitarias	Bienes corrientes y servicios	726	727
	Bienes de inversión	728	729
Compensaciones en régimen especial de la agricultura, ganadería y pesca		730	731
Rectificación de deducciones		732	733
Regularización de bienes de inversión			734
Suma de deducciones (719 + 721 + 723 + 725 + 727 + 729 + 731 + 733 + 734)			735

Modelo 303

Modelo **303** NIF Apellidos y Nombre o Razón social

Si resulta [71] negativa consignar el importe a compensar

72 C

Ingreso efectuado a favor del Tesoro Público, cuenta restringida de colaboración en la recaudación de la AEAT de autoliquidaciones.

Importe: I

IBAN

Manifiesto que el importe a devolver reseñado deseo me sea abonado mediante transferencia bancaria a la cuenta indicada de la que soy titular

Importe .... 73 D

Mediante transferencia a cuenta bancaria abierta en España

IBAN

Mediante transferencia a cuenta bancaria abierta en el extranjero:

Unión Europea/SEPA

IBAN Código SWIFT-BIC

Resto países

Código SWIFT-BIC Número de cuenta/Account no.

Banco/Bank name

Dirección del Banco/ Bank address

Ciudad/City País/Country Código País/Country code

Modelo 303

El contribuyente cuenta, en la Sede Electrónica de la Agencia Tributaria, con un servicio de ayuda a la cumplimentación del modelo 303, denominado Pre303. Ofrece distintos servicios y funcionalidades a todos los sujetos pasivos del IVA, atendiendo a su perfil de actividad.

Además de la presentación del modelo 303, los sujetos pasivos deberán realizar la presentación de la declaración de resumen anual del Impuesto sobre el Valor Añadido (modelo 390), regulado por la Orden EHA/3111/2009.

El modelo 390 declaración-resumen anual es una declaración tributaria que incluye todas las liquidaciones de IVA llevadas a cabo durante el año. Deben presentar este modelo, todos los sujetos pasivos que estén obligados a presentar las autoliquidaciones periódicas del IVA trimestrales, excepto los que presentan el modelo 369 y los que resulten exonerados de su presentación. Además, los sujetos pasivos que lleven sus libros registro de IVA a través del SII (Suministro Inmediato de Información) no tienen que presentar el modelo 390.

Este modelo se presenta en los 30 primeros días naturales del mes de enero y las formas de presentación son con certificado electrónico a través de la Sede Electrónica o utilizando el sistema de Cl@ve PIN.

Aplicación práctica

Una empresa situada en España, durante un periodo de liquidación de IVA, realiza las siguientes operaciones:

- **Compras en España por valor de 17.000 €.**
- **Ventas a sus clientes españoles por valor de 22.000 €.**
- **Ventas a clientes de la UE registrados en el censo VIES por valor de 4.000 €.**
- **Adquisiciones intracomunitarias por valor de 9.000 €.**

Considerando que todas las operaciones soportan el tipo de gravamen general, ¿podría usted indicar el resultado de la liquidación de IVA de esta empresa para el periodo de referencia?

Continúa en página siguiente >>

<< Viene de página anterior

SOLUCIÓN

Sabiendo que a todas las operaciones se les aplica el 21 % de IVA tendremos:

1. Por las compras en España, la empresa soportará:
   21 % sobre 17.000 = 3.570 €.

2. Por las ventas en España, la empresa devengará:
   21 % sobre 22.000 = 4.620 €.

3. Las entregas intracomunitarias están exentas, por lo que no hay movimiento de IVA.

4. Las adquisiciones intracomunitarias se acogen al régimen de autorrepercusión, por lo que se tendrá:

   IVA soportado = 21 % sobre 9.000 = 1.890 €.
   IVA repercutido = 21 % sobre 9.000 = 1.890 €.

De lo anterior, se tendrá:

IVA repercutido = 4.620 + 1.890 = 6.510 €.
IVA soportado = 3.570 + 1.890 = 5.460 €.

En virtud de estos datos, la empresa presentará un saldo acreedor a favor de la Administración Tributaria por el importe:

IVA repercutido – IVA soportado = 6.510 – 5.460 = 1.050 €.

7.3. Realizar con ejemplos prácticos una liquidación del modelo empleado para Pymes

En este punto, se verá un ejemplo de liquidación de IVA de una empresa, tocando todos los puntos que se han estudiado y que influyen en su elaboración. Para ello, imagínese que la empresa ESTUDIO FINAL, S.L., situada en Málaga e inscrita en el censo de operadores intracomunitarios, presenta a 1 de abril de 20X2, un saldo en la cuenta 4700 – Hacienda Pública, deudora por IVA, de 600 €, y que a sus operaciones se les aplica el tipo general del IVA.

Durante los meses siguientes realiza las siguientes operaciones comerciales:

- 12 de abril de 20X2: vende a crédito a una empresa situada en Madrid y no inscrita en el censo de operadores intracomunitarios mercancías por valor de 15.000 €.
- 20 de abril de 20X2: vende a una empresa situada en Suecia, inscrita en el censo VIES, mercancías por valor de 7.000 €. La operación se realiza por transferencia bancaria.
- 6 de mayo de 20X2: realiza compras a un proveedor español por valor de 6.500 €, pagando la operación por transferencia bancaria.
- 19 de junio de 20X2: realiza compras a crédito a un proveedor situado en Bélgica, por valor de 11.000 €.

Sabemos que cuando llegue el 30 de junio, la empresa tendrá que preparar la documentación del trimestre (del 1 de abril al 30 de junio) a fin de presentar antes del día 20 de julio la declaración-liquidación de IVA correspondiente. La información para esta declaración se tomará de la contabilidad, por lo que lo primero debe hacerse es contabilizar las transacciones correctamente, según la naturaleza de cada operación.

Según las operaciones descritas anteriormente, se tendría que considerar:

- El 12 de abril realiza ventas a una empresa situada en Madrid. Se trata de una operación interior, que devengará su IVA correspondiente. Que la empresa esté o no inscrita en el censo VIES no afecta en este caso, ya que solo habrá que considerar esta inscripción cuando se venda a empresas situadas en otros Estados miembros de la UE distintos a España. Se realizaría el siguiente asiento:

Cuenta		Descripción	Debe (EUR)	Haber (EUR)
700	Ventas mercaderías	Ventas a crédito		15.000,00
477	H.P., IVA repercutido	Ventas a crédito		3.150,00
430	Clientes	Ventas a crédito	18.150,00	

- El 20 de abril realiza una entrega intracomunitaria, que está exenta y, por lo tanto, no se incluirá el IVA en la factura que se emita (ya que se ha comprobado previamente que está inscrito en el censo de operadores intracomunitarios). Sin embargo, es recomendable crear una cuenta de ventas específica para la UE, ya que la declaración del IVA pedirá que se aporte información sobre estas operaciones. El asiento sería entonces:

Cuenta		Descripción	Debe (EUR)	Haber (EUR)
7001	Ventas mercaderías UE	Entrega intracomunitaria		7.000,00
572	Bancos	Cobro venta	7.000,00	

- El 6 de mayo realiza una compra interior, en la que la empresa soporta el IVA (el proveedor incluirá el IVA en su factura), que, si cumple los preceptos de la ley, será deducible. El asiento contable sería:

Cuenta		Descripción	Debe (EUR)	Haber (EUR)
600	Compras mercaderías	Compra interior	6.500,00	
472	H.P., IVA soportado	Compra interior	1.365,00	
572	Bancos	Compra interior		7.865,00

- El 19 de junio realiza una adquisición intracomunitaria por valor de 11.000 €. Esta operación está sujeta al régimen de autorepercusión del impuesto. No se especifica si el vendedor de las mercancías está o no inscrito en VIES, ya que es su responsabilidad (y no la del comprador) asegurarse de que la operación puede acogerse a la exención de que gozan para ellos. La empresa recibiría la factura sin IVA, pero, reconociendo que es una adquisición intracomunitaria, lo autorepercutiría, según el siguiente asiento en su contabilidad:

Cuenta		Descripción	Debe (EUR)	Haber (EUR)
6001	Compras merc. UE	Compras a crédito UE	11.000,00	
4729	H.P., IVA soport. UE	Compras a crédito UE	2.310,00	
4779	H.P., IVA reperc. UE	Compras a crédito UE		2.310,00
4001	Proveedores UE	Compras a crédito UE		11.000,00

En la declaración se tiene que suministrar información de las cuotas de IVA y de las bases imponibles, por lo que es necesario ver los importes referidos tanto a las cuentas de IVA como a las de gastos e ingresos, que son las bases. Esta información, de forma resumida, se puede obtener del libro mayor, tomando como referencia el periodo del impuesto correspondiente.

El resumen de las operaciones del trimestre que la empresa quiere declarar, según sus cuentas de mayor, sería:

DEBE	472 - IVA Soportado	HABER
1.365,00		
1.365,00		

DEBE	477 - IVA Repercutido	HABER
		3.150,00
		3.150,00

DEBE	4700 - HP Deudora IVA	HABER
600,00		
600,00		

DEBE	7001-Ventas Merc. UE	HABER
		7.000,00
		7.000,00

DEBE	4729 - IVA Soportado UE	HABER
2.310,00		
2.310,00		

DEBE	4779 - IVA Repercutido UE	HABER
		2.310,00
		2.310,00

DEBE	6001- Compras Merc.UE	HABER
11.000,00		
11.00,00		

DEBE	600- Compras Merc.	HABER
6.500,00		
6.500,00		

DEBE	700-Ventas Merc.	HABER
		15.000,00
		15.000,00

Con esta información, ya podría cumplimentarse el Modelo 303, rellenando las casillas correspondientes con los saldos de las cuentas. Tras cumplimentar el modelo en la Sede Electrónica de la AEAT, el borrador que se obtiene es el siguiente:

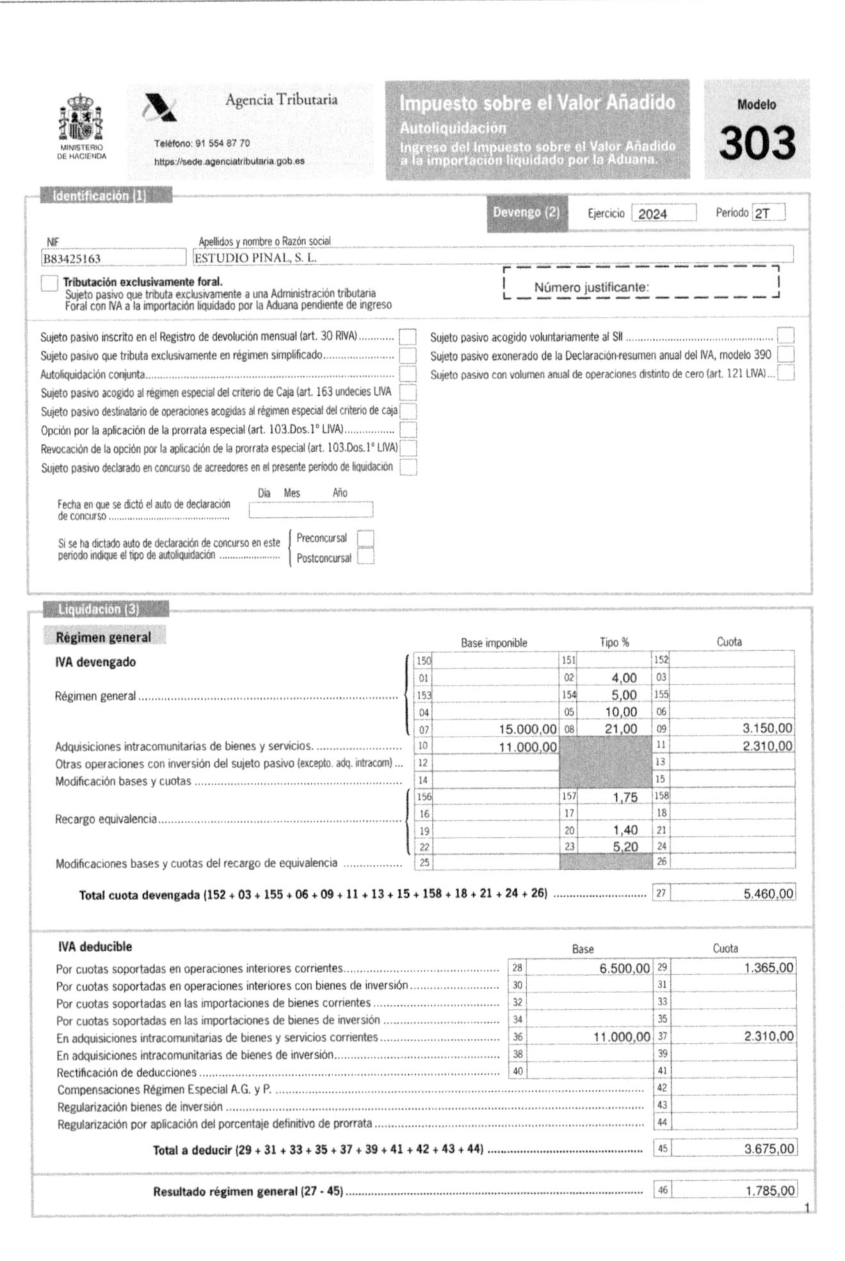

MINISTERIO DE HACIENDA

Agencia Tributaria

Teléfono: 91 554 87 70

https://sede.agenciatributaria.gob.es

Impuesto sobre el Valor Añadido

Autoliquidación

Ingreso del Impuesto sobre el Valor Añadido a la importación liquidado por la Aduana.

Modelo 303

Identificación (1)

Devengo (2) Ejercicio 2024 Periodo 2T

NIF: B83425163

Apellidos y nombre o Razón social: ESTUDIO PINAL, S. L.

☐ **Tributación exclusivamente foral.** Sujeto pasivo que tributa exclusivamente a una Administración tributaria Foral con IVA a la importación liquidado por la Aduana pendiente de ingreso

Número justificante:

- Sujeto pasivo inscrito en el Registro de devolución mensual (art. 30 RIVA) ☐
- Sujeto pasivo que tributa exclusivamente en régimen simplificado ☐
- Autoliquidación conjunta ☐
- Sujeto pasivo acogido al régimen especial del criterio de Caja (art. 163 undecies LIVA ☐
- Sujeto pasivo destinatario de operaciones acogidas al régimen especial del criterio de caja ☐
- Opción por la aplicación de la prorrata especial (art. 103.Dos.1° LIVA) ☐
- Revocación de la opción por la aplicación de la prorrata especial (art. 103.Dos.1° LIVA) ☐
- Sujeto pasivo declarado en concurso de acreedores en el presente periodo de liquidación ☐
- Sujeto pasivo acogido voluntariamente al SII ☐
- Sujeto pasivo exonerado de la Declaración-resumen anual del IVA, modelo 390 ☐
- Sujeto pasivo con volumen anual de operaciones distinto de cero (art. 121 LIVA) ☐

Fecha en que se dictó el auto de declaración de concurso: Día Mes Año

Si se ha dictado auto de declaración de concurso en este periodo indique el tipo de autoliquidación: Preconcursal ☐ Postconcursal ☐

Liquidación (3)

Régimen general

IVA devengado

Concepto	Casilla	Base imponible	Casilla	Tipo %	Casilla	Cuota
Régimen general	150		151		152	
	01		02	4,00	03	
	153		154	5,00	155	
	04		05	10,00	06	
	07	15.000,00	08	21,00	09	3.150,00
Adquisiciones intracomunitarias de bienes y servicios	10	11.000,00			11	2.310,00
Otras operaciones con inversión del sujeto pasivo (excepto. adq. intracom)	12				13	
Modificación bases y cuotas	14				15	
Recargo equivalencia	156		157	1,75	158	
	16		17		18	
	19		20	1,40	21	
	22		23	5,20	24	
Modificaciones bases y cuotas del recargo de equivalencia	25				26	
Total cuota devengada (152 + 03 + 155 + 06 + 09 + 11 + 13 + 15 + 158 + 18 + 21 + 24 + 26)					27	5.460,00

IVA deducible

Concepto	Casilla	Base	Casilla	Cuota
Por cuotas soportadas en operaciones interiores corrientes	28	6.500,00	29	1.365,00
Por cuotas soportadas en operaciones interiores con bienes de inversión	30		31	
Por cuotas soportadas en las importaciones de bienes corrientes	32		33	
Por cuotas soportadas en las importaciones de bienes de inversión	34		35	
En adquisiciones intracomunitarias de bienes y servicios corrientes	36	11.000,00	37	2.310,00
En adquisiciones intracomunitarias de bienes de inversión	38		39	
Rectificación de deducciones	40		41	
Compensaciones Régimen Especial A.G. y P.			42	
Regularización bienes de inversión			43	
Regularización por aplicación del porcentaje definitivo de prorrata			44	
Total a deducir (29 + 31 + 33 + 35 + 37 + 39 + 41 + 42 + 43 + 44)			45	3.675,00
Resultado régimen general (27 - 45)			46	1.785,00

1

Modelo **303** | NIF | Apellidos y Nombre o Razón social | Página 3

Información adicional

Concepto	Casilla	Importe
Entregas intracomunitarias de bienes y servicios	59	7.000,00
Exportaciones y operaciones asimiladas	60	
Operaciones no sujetas por reglas de localización (excepto las incluidas en la casilla 123)	120	
Operaciones sujetas con inversión del sujeto pasivo	122	
Operaciones no sujetas por reglas de localización acogidas a los regímenes especiales de ventanilla única	123	
Operaciones sujetas y acogidas a los regímenes especiales de ventanilla única	124	

Concepto	Base imponible	Cuota
Importes de las entregas de bienes y prestaciones de servicios a las que habiéndoles sido aplicado el régimen especial del criterio de caja hubieran resultado devengadas conforme a la regla general de devengo contenida en el art. 75 LIVA	62	63

Concepto	Base imponible	Cuota soportada
Importes de las adquisiciones de bienes y servicios a las que sea de aplicación o afecte el régimen especial del criterio de caja	74	75

Resultado

Concepto	Casilla	Importe
Regularización cuotas art. 80.Cinco.5ª LIVA	76	
Suma de resultados (46 + 58 + 76)	64	1.785,00
Atribuible a la Administración del Estado [65] 100,00 %	66	1.785,00
IVA a la importación liquidado por la Aduana pendiente de ingreso	77	
Cuotas a compensar pendientes de periodos anteriores	110	600,00
Cuotas a compensar de periodos anteriores aplicadas en este periodo	78	600,00
Cuotas a compensar de periodos previos pendientes para periodos posteriores (110 - 78) (No se incluyen las cuotas a compensar generadas en este periodo)	87	

Exclusivamente para sujetos pasivos que tributan conjuntamente a la Administración del Estado y a las Haciendas Forales. Resultado de la regularización anual. [68] euros

Concepto	Casilla	Importe
Resultado de la autoliquidación (66 + 77 - 78 + 68)	69	1.185,00
Resultados a ingresar de anteriores autoliquidaciones o liquidaciones administrativas correspondientes al ejercicio y periodo objeto de la autoliquidación	70	
Devoluciones acordadas por la Agencia Tributaria como consecuencia de la tramitación de anteriores autoliquidaciones correspondientes al ejercicio y periodo objeto de la autoliquidación	109	
Resultado (69 - 70 + 109)	71	1.185,00

Sin actividad (4)

Sin actividad ☐

Complementaria (5)

Si esta autoliquidación es complementaria de otra autoliquidación anterior correspondiente al mismo concepto, ejercicio y periodo, indíquelo marcando con una "X" esta casilla.

☐ Autoliquidación complementaria

En este caso, consigne a continuación el número de justificante identificativo de la autoliquidación anterior. Nº. de justificante: ☐

2

Aplicando el procedimiento aprendido anteriormente para la liquidación a nivel contable del impuesto y usando como soporte el Modelo 303 cumplimentado, la empresa deberá realizar el siguiente asiento:

Cuenta		Descripción	Debe (EUR)	Haber (EUR)
472	H.P. IVA soportado	Liquidación IVA 2T 20X2		1.365,00
477	H.P. IVA repercutido	Liquidación IVA 2T 20X2	3.150,00	
4729	H.P. IVA soportado UE	Liquidación IVA 2T 20X2		2.310,00
4779	H.P. IVA reper. UE	Liquidación IVA 2T 20X2	2.310,00	
4700	H.P. Deudora IVA	Liquidación IVA 2T 20X2		600,00
4750	H.P. Acreedora IVA	Liquidación IVA 2T 20X2		1.185,00

Cuando la empresa haga efectivo el pago a la Administración Tributaria, contabilizará:

Cuenta		Descripción	Debe (EUR)	Haber (EUR)
4750	H.P. Acreedora IVA	Pago Liq. IVA 2T 20X2	1.185,00	
572	Bancos	Pago Liq. IVA 2T 20X2		1.185,00

Si se trascriben estas últimas operaciones a las cuentas del libro mayor, se observa que, liquidada la deuda con la Administración, los saldos de todas las cuentas quedan a cero:

DEBE	472 - IVA Soportado	HABER
1.365,00		1.365,00
0,00		

DEBE	477 - IVA Repercutido	HABER
3.150,00		3.150,00
0,00		

DEBE	4700 - HP Deudora IVA	HABER
600,00		600,00
		0,00

DEBE	4750 - HP Acreedora IVA	HABER
1.185,00		1.185,00
		0,00

DEBE	4729 - IVA Soportado UE	HABER
2.310,00		2.310,00
0,00		

DEBE	4779 - IVA Repercutido UE	HABER
2.310,00		2.310,00
		0,00

8. Libros obligatorios según la LIVA

Con el fin de establecer de manera precisa la liquidación del IVA repercutido y soportado en un determinado período, la Ley de IVA (LIVA) establece la obligación de llevar ciertos libros de registro:

- Libro registro de facturas expedidas.
- Libro registro de facturas recibidas.
- Libro de bienes de inversión.
- Libro registro de determinadas operaciones intracomunitarias.

8.1. Libro registro de facturas expedidas

En este libro han de anotarse de forma individualizada las **facturas expedidas y las facturas simplificadas de las mismas,** relativas a todas las **operaciones sujetas al IVA,** incluyendo, por tanto, las **exentas** y las **derivadas de autoconsumos.**

La anotación de las mismas ha de reflejar los siguientes datos: nº de factura y serie; fecha de expedición; datos del destinatario; base imponible o importe de la operación; tipo impositivo y cuota tributaria; y si la operación se ha efectuado según el régimen especial del criterio de caja (art. 61 decies, apartado 1 RIVA), tal como se muestra en la siguiente imagen del libro **(art. 63 RIVA):**

LIBRO REGISTRO DE FACTURAS EXPEDIDAS

N.º / Serie	**Fecha de exp.**	**Fecha realización operación** (si es distinta a la de expedición)	**Apellidos y nombre / Razón social / Denominación completa del destinatario (*)**	**NIF** (*)	**Base imponible** (art. 78 y 79 LIVA)	**Tipo impositivo** (operaciones sujetas y no exentas)	**Cuota tributaria** (operaciones sujetas y no exentas)

(*) Dato no necesario en las facturas simplificadas, salvo supuestos del art. 7.2 y 7.3 del Real Decreto 1619/2012, de 30 de noviembre, por el que se aprueba el Reglamento de facturación.

También se deberá incluir la mención de si la operación se ha efectuado conforme al régimen especial del criterio caja, tal como se ha estudiado con anterioridad. Como excepción al registro separado de los documentos de facturación expedidos, la normativa del IVA permite la realización de **asientos resúmenes de varias facturas,** para ello se exige que se cumplan los siguientes requisitos:

- Que en las facturas expedidas no sea preceptiva la identificación del destinatario.
- Que las operaciones documentadas se deban entender realizadas dentro de un mismo mes natural y les sea aplicable el mismo tipo impositivo.

Dichos asientos resumen deberán **reflejar datos** como:

- Fecha o período en que se hayan expedido.
- Base imponible global.

- Tipo impositivo.
- Cuota global de facturas numeradas correlativamente y expedidas en la misma fecha.
- Números inicial y final de las facturas anotadas.
- Mención de pertenecer al régimen especial del criterio de caja para sujetos pasivos acogidos.

Deberán **anotarse de forma separada** las facturas expedidas en los casos de inversión del sujeto pasivo y las facturas rectificativas.

8.2. Libro registro de facturas recibidas

En el libro registro de facturas recibidas, se anotarán de forma individualizada, todas las **facturas justificantes contables y documentos de aduanas,** relativos a los bienes adquiridos o importados y a los servicios recibidos en el ejercicio de actividad empresarial o profesional. Dichas facturas y documentos se **numerarán correlativamente según la fecha de recepción** de los mismos, pudiendo realizar dicha numeración, por razones justificadas, mediante series separadas.

También en este libro se sigue el criterio de **anotación separada,** por lo que todas las facturas y demás documentos se han de anotar, uno por uno, indicando los siguientes datos: número de recepción asignado; fecha de expedición y realización; datos identificativos del obligado a expedir; base imponible; tipo impositivo y cuota y si la operación se ha efectuado según el régimen especial del criterio de caja (art. 61 decies, apartado 1 RIVA), tal como se muestra a continuación en la imagen del citado libro **(art. 64 RIVA):**

LIBRO REGISTRO DE FACTURAS RECIBIDAS

N.º de recepción	Fecha de exp.	**Fecha realización operación** (si es distinta a la de expedición)	**Apellidos y nombre / Razón social / Denominación completa del obligado a expedir (*)**	**NIF obligado a expedir (*)**	**Base imponible** (art. 78 y 79 LIVA)	**Tipo impositivo** (operaciones sujetas y no exentas)	**Cuota tributaria** (operaciones sujetas y no exentas)

(*) Dato no necesario en las facturas simplificadas, salvo supuestos del art. 7.2 y 7.3 del Real Decreto 1619/2012, de 30 de noviembre, por el que se aprueba el Reglamento de facturación.

Como **excepción** al registro separado, uno a uno, de los documentos de facturación recibidos, la normativa del IVA permite:

- Realizar un asiento-resumen por todas las facturas recibidas en la misma fecha cuyo importe individual sea inferior a 500 € y siempre que el importe de todas ellas conjuntamente sea inferior a 6.000 €, IVA no incluido.
- Anotar una misma factura en varios asientos cuando incluya operaciones a las que resulten aplicables distintos tipos de IVA.

8.3. Libro registro de bienes de inversión

Deben llevarlo los sujetos pasivos que tengan que practicar la regularización por adquisiciones de bienes de inversión, es decir, con carácter general cuando se aplique la **regla de prorrata.**

Definición

Bienes de inversión
Son aquellos que están destinados a ser utilizados en la actividad por un periodo superior al año y aquellos bienes cuyo valor sea superior a 3.005,06 €.

En este libro se **registrarán los bienes de inversión uno a uno,** indicando todos aquellos datos precisos para individualizar las facturas y documentos de Aduanas de cada bien, y fecha de comienzo de utilización así como la prorrata anual definitiva, la regularización anual si corresponde, tal como se podrá comprobar en la imagen del libro **(art. 65 RIVA):**

N.º registro	Elemento inmovilizado	N.º Fra.	Fecha adquisición	Valor adquisición	Duración prevista	Método amortización	Fecha inicio amortización	Amortización acumulada

La **transmisión de los bienes de inversión** durante el período de regularización obliga a darles de baja en este Libro, indicando el asiento del Libro registro de facturas expedidas, en el que se recoge dicha entrega, así como la regularización de la deducción efectuada con motivo de la misma.

8.4. Libro registro de determinadas operaciones intracomunitarias

Los sujetos pasivos que intervengan en las operaciones intracomunitarias deberán reflejar en el libro registro correspondiente, los movimientos de bienes objetos de dichas operaciones. Por lo tanto se anotarán:

- Envío o recepción de bienes para la realización de los informes periciales o trabajos mencionados en el art. 70.Uno.7º b) de la LIVA.
- Transferencias y adquisiciones intracomunitarias de bienes comprendidas en los artículos 9.3º (envío de un bien a otro Em) y 16.2º (recepción de bienes procedentes de otro Estado miembro). Se incluyen las comprendidas en las excepciones de las letras e, f, g del artículo 9.3º, es decir:
  - Bienes que se envían a otro Estado para que se realice en ellos algún tipo de informe pericial, trabajo o reparación y se remitan al TAI.
  - Bienes que se van a utilizar temporalmente en determinadas prestaciones de servicios en otro Estado miembro.
- El envío o recepción de los bienes de un acuerdo de ventas de bienes en consigna a que se refiere el artículo 9.bis de la LIVA.

Los libros registros de las operaciones indicadas en los dos primeros apartados anteriores, deberán contener los siguientes datos, tal como se podrá comprobar **(art. 66 RIVA):**

- Operación y fecha de la misma.
- Descripción de los bienes con referencia a la factura de adquisición o título de posesión.
- Otras facturas o documentos relativos a las operaciones de que se trate.
- Identificación del destinatario o remitente, indicando su NIF-IVA, razón social y domicilio.
- Estado miembro de origen o destino de los bienes.
- Plazo que, en su caso, se haya fijado para la realización de las operaciones.

Operación	Fecha operación	Descripción del bien	N.º Fra. Adquisición o título posesión	Otros documentos relacionados	Destinatario / Remitente (NIF, razón social y domicilio)	Estado miembro origen	Estado miembro destino	Plazo

El contenido de los libros registros de los acuerdos de ventas de bienes en consigna debe ser el regulado en el apartado 2, letra B) del artículo 66 del RIVA.

Las empresas o profesionales y otros sujetos pasivos del Impuesto sobre el Valor Añadido deben llevar, con carácter general, tales libros obligatorios. En el Título IX del Reglamento del IVA se recogen las obligaciones contables de los sujetos pasivos.

La contabilidad debe permitir determinar (art. 166 LIVA):

- El importe total del IVA que el sujeto pasivo haya repercutido a sus clientes.
- El importe total del impuesto soportado por el sujeto pasivo.

Además, todas las operaciones realizadas por el sujeto pasivo en el ejercicio de su actividad, deben contabilizarse dentro de los plazos para la liquidación y pago del impuesto.

8.5. Suministro inmediato de información del IVA

El sistema de Suministro Inmediato de Información del IVA (SII), consiste en poner a disposición de la Agencia Tributaria por vía electrónica, la información que contienen los tradicionales Libros Registro de IVA. De esta forma, mediante la remisión de los datos de facturación se irán configurando, casi de forma inmediata los distintos libros.

Con este sistema se facilita la comprobación de la información de los libros registro, con la suministrada por los clientes y proveedores, siempre y cuando la empresa esté incluida en dicho sistema, de forma obligatoria o voluntaria.

La normativa que regula el suministro de información a través de este sistema de llevanza de libros registros, es:

- Real Decreto 596/2016, de 2 de diciembre, para la modernización, mejora e impulso del uso de medios electrónicos en la gestión del Impuesto sobre el Valor Añadido.
- Orden HFP/417/2017, de 12 de mayo, por la que se regulan las especificaciones normativas y técnicas que desarrollan la llevanza de los Libros registro del Impuesto sobre el Valor Añadido a través de la Sede electrónica de la Agencia Estatal de Administración Tributaria.
- Resolución de 13 de marzo de 2017, de la Dirección General de la Agencia Estatal de Administración Tributaria.

La llevanza de los libros registros (regulados en la normativa de IVA) a través de este sistema debe realizarse de forma obligatoria a través de la Sede electrónica de la AEAT, por aquellos empresarios o profesionales que actualmente tienen obligación de autoliquidar el IVA mensualmente, siendo estos:

- Los inscritos en el Régimen de Devolución Mensual del IVA (REDEME).
- Las grandes empresas (facturación superior a 6.010.121,04 €)
- Los grupos de IVA.

Nota

Pueden acogerse a SII de forma voluntaria, aquellos sujetos pasivos que lo soliciten mediante la correspondiente declaración censal. Surtirá efectos para el primer período de liquidación que se inicie después de que se hubiera ejercido la opción de llevanza de los libros por este sistema.

Los sujetos pasivos que utilicen este sistema deberán remitir, por vía electrónica mediante Servicios Web, detalles sobre su facturación. Los envíos incluirán información del titular de cada libro registro, información del ejercicio y período en el que se registran dichas operaciones y el contenido de las facturas.

Los plazos para enviar la información de las distintas facturas al sistema son los siguientes:

Facturas expedidas	- Cuatro días naturales desde la expedición de la factura y antes del día 16 del mes siguiente al devengo del impuesto. - Ocho días naturales si las facturas han sido expedidas por el destinatario o por un tercero.
Facturas recibidas	- Cuatro días naturales desde la fecha de su registro contable y antes del día 16 del mes siguiente al período de liquidación. - En las importaciones: cuatro días desde el registro contable de la liquidación por aduana; y antes del día 16 del mes siguiente al final del período de declaración.
Operaciones intracomunitarias	- Cuatro días naturales desde la expedición o transporte, o desde la recepción de los bienes.
Bienes de inversión	- Dentro del plazo de presentación del último período de liquidación del año (hasta el 30 de enero).

Cuando el sujeto pasivo empiece a llevar los libros registros a través de la Sede Electrónica en un día distinto al primero del año natural, está obligado a enviar los registros de facturación del período anterior a dicha fecha del mismo año natural. Estos registros deberán contener información sobre las operaciones realizadas en ese período y que deben ser registradas.

Importante

Las actividades acogidas a los regímenes especiales, simplificado, de la agricultura, ganadería y pesca, del recargo de equivalencia y del aplicable a los servicios de telecomunicaciones, de radiodifusión o de televisión y a los prestados por vía electrónica, no deberán llevar libros registros de IVA, aunque se deben tener en cuenta las salvedades recogidas en sus normas específicas.

La información a suministrar al sistema está especificada por tipo de factura u operación realizada, en los artículos 2, 3, 4 y 5 de la Orden HFP/417/2017, de 12 de mayo, por la que se regula la llevanza de los libros registros de IVA a través de la Sede Electrónica de la AEAT.

9. Resumen

En este capítulo, se ha estudiado el impuesto indirecto más importante del sistema tributario español, el IVA.

Se ha definido, delimitado y establecido cómo se comporta ante las distintas transacciones comerciales, subrayando las excepciones y casos particulares a los que se acoge, haciendo especial mención al tema de las operaciones intracomunitarias.

También hemos visto el papel que ejerce cada agente económico respecto a él, recayendo el efecto del impuesto sobre el consumidor final, mientras que las empresas realizan un papel recaudador.

Ha quedado latente la estrecha relación existente entre la contabilidad y la fiscalidad, ya que el IVA tendrá una serie de registros contables que posteriormente valdrán como base informativa para la realización de las liquidaciones periódicas que la autoridad tributaria establece.

Se ha concluido mediante ejemplos el efecto neutro del impuesto para las empresas, conociendo en detalle el Modelo 303 con el que las empresas cumplen con sus obligaciones tributarias respecto a la Administración en lo que a IVA se refiere.

La Ley del IVA también establece la obligación de llevar determinados libros registro:

- Libro registro de facturas expedidas.
- Libro registro de facturas recibidas.
- Libro de bienes de inversión.
- Libro registro de determinadas operaciones intracomunitarias.

La gestión de los libros registros obligatorios se realiza de forma electrónica mediante el servicio Suministro Inmediato de Información del IVA (SII) de la Sede Electrónica de la AEAT.

Ejercicios de repaso y autoevaluación

1. El IVA grava el consumo pero, ¿sobre qué operaciones recae?

a. Las entregas de bienes y prestaciones de servicios.
b. Las importaciones de bienes.
c. Las adquisiciones intracomunitarias de bienes.
d. Todas las opciones son correctas.

2. Atendiendo al IVA, la empresa tiene un saldo a su favor cuando...

a. ... el IVA soportado es mayor que el IVA repercutido.
b. ... el IVA soportado es menor que el IVA repercutido.
c. ... el IVA soportado es igual que el IVA repercutido.
d. ... el IVA soportado no deducible es mayor que el IVA soportado deducible.

3. ¿Cuál de los siguientes territorios se incluye dentro del ámbito espacial de aplicación del IVA?

a. Islas Baleares.
b. Islas Canarias.
c. Ceuta y Melilla.
d. Todos los anteriores.

4. De las siguientes frases, indique cuál es verdadera o falsa.

a. El IVA es un impuesto neutro para las empresas.

☐ Verdadero
☐ Falso

b. El IVA es un impuesto neutro para los consumidores finales.

☐ Verdadero
☐ Falso

c. Cuando una empresa compra bienes o servicios para el desarrollo de su actividad o proceso productivo, repercute el IVA de estas operaciones.

☐ Verdadero
☐ Falso

5. Complete la siguiente frase.

"Al hacer una liquidación de IVA, las empresas deberán pagar a la Administración Tributaria la diferencia entre ______________".

6. Relacione las siguientes operaciones con su naturaleza (una misma naturaleza puede usarse por una, ninguna o varias operaciones).

a. Venta de productos para uso privado en España.
b. Servicios de odontólogos.
c. Venta de productos para uso privado a Malta.
d. Entrega de muestras con valor publicitario.
e. Clases particulares de matemáticas.
f. Compra de productos a Rumanía.

__ Operación sujeta
__ Operación no sujeta
__ Operación exenta

7. Una empresa compra durante un periodo de liquidación de IVA materiales por valor de 5.000 € y realiza ventas por valor de 8.000 €. A todas las operaciones se les aplica el tipo de gravamen general del IVA. El saldo resultante de la liquidación con la Agencia Tributaria será:

a. Deudor por importe de 630 €.
b. Acreedor por importe de 630 €.
c. Deudor por importe de 3.000 €.
d. Acreedor por importe de 3.000 €.

8. Indique los tipos de gravámenes vigentes actualmente en la legislación española.

9. Indique las cuentas contables que propone el PGC para la gestión del IVA.

10. ¿Cuál es el sistema de la sede electrónica de la AEAT que permite la gestión telemática de los libros registros de IVA?

a. Delta
b. Pre303
c. SII
d. VIES

Bibliografía

Monografías

- VV. AA.: *Memento Plan General contable,* 2024. Madrid: Editorial Lefebvre, 2024.
- VV. AA.: *Memento Práctico Fiscal,* 2024. Madrid: Editorial Lefebvre, 2024.

Legislación

- DIRECTIVA 2006/112/CE del Consejo, de 28 de noviembre de 2006, relativa al sistema común del impuesto sobre el valor añadido.
- Ley Orgánica 10/1995, de 23 de noviembre, del Código Penal.
- Ley 37/1992, de 28 de diciembre, del Impuesto sobre el Valor Añadido.
- Ley 19/1985, de 16 de julio, Cambiaria y del Cheque.
- Real Decreto Legislativo 1/2010, de 2 de julio, por el que se aprueba el texto refundido de la Ley de Sociedades de Capital.
- Real Decreto 1515/2007, de 16 de noviembre, por el que se aprueba el Plan General de Contabilidad de Pequeñas y Medianas Empresas y los criterios contables específicos para microempresas.
- Real Decreto 1514/2007, de 16 de noviembre, por el que se aprueba el Plan General de Contabilidad.

- Real Decreto 1784/1996, de 19 de julio, por el que se aprueba el Reglamento del Registro mercantil.

- Código de Comercio de 1885.

Textos electrónicos, bases de datos y programas informáticos

- Agencia Tributaria, de: <https://sede.agenciatributaria.gob.es/>.

- Instituto de Contabilidad y Auditoría de Cuentas, de: <https://www.icac.gob.es/>.

- ICEX España Exportación e Inversiones, de: <http://www.icex.es>.

- Plan General Contable, de: <http://www.plangeneralcontable.es>.

- Registro Mercantil Central, de: <http://www.rmc.es>.

- Todo Expertos, de: <http://www.todoexpertos.com>.